《走近科学》精选丛书

探秘动物世界

郭之文 主编

上海科学技术文献出版社
Shanghai Scientific and Technological Literature Press

图书在版编目（CIP）数据

探秘动物世界 / 郭之文主编． —上海：上海科学技术文献出版社，2019 (2021.8重印)
（《走近科学》精选丛书）
ISBN 978-7-5439-7964-2

Ⅰ．① 探… Ⅱ．①郭… Ⅲ．①科学知识—青少年读物 Ⅳ．① Z228.2

中国版本图书馆 CIP 数据核字 (2019) 第 168485 号

策划编辑：张 树
责任编辑：付婷婷 曹 惠
封面设计：合育文化

探秘动物世界
TANMI DONGWU SHIJIE
郭之文 主编
出版发行：上海科学技术文献出版社
地 址：上海市长乐路 746 号
邮政编码：200040
经 销：全国新华书店
印 刷：常熟市文化印刷有限公司
开 本：720×1000 1/16
印 张：14.75
字 数：216 000
版 次：2021 年 8 月第 2 次印刷
书 号：ISBN 978-7-5439-7964-2
定 价：60.00 元
http://www.sstlp.com

目录 CONTENTS

花蟒历险记

一天上午，地处云南省西双版纳景哈乡的村口边人头攒动，热闹非凡。似乎人们在举行一场盛大的祭祀活动。然而仔细一看，在人群的中央，人们叩拜的却是盘踞在硕大铁笼里的一条大蟒蛇。其实这样的情形在西双版纳的乡村并不罕见，每年都会有一两次类似的仪式。那么，这些纯朴的村民为何要对大蟒蛇如此虔诚地跪拜？他们在祈求什么呢？

这是一个秋意正浓的清晨，西双版纳勐海县勐宋乡寺庙里的几个小和尚结伴到村寨的后山上采竹笋。正当他们穿过一片茶叶地的时候，眼前出现的一个景象让他们惊呆了。只见一条碗口粗的大花蛇盘卧在古茶树下，正大张着嘴呼呼喘着粗气。

西双版纳勐海县地处热带雨林地区，各种野生动物经常出没于森林之中，因其气候凉爽适宜，有十多种蛇类在此生长。其中蟒蛇是最常见的几种蛇类之一，虽然这里蟒蛇数量很多，但像这样大的一条蟒蛇当地群众还是头一次看到。闻讯而来的村支书一眼便认出这是一条黑尾蟒蛇，因其有漂亮的黄黑色网纹图案，又被当地人称为金花大蟒。

古茶树下的蟒蛇

说到蛇，多数人的反应都是敬而远之，而蟒蛇虽然没有毒液，但因其体形硕大，力大无比而令人生畏。据说有的野生蟒蛇甚至能与鳄鱼、野猪等大型动物搏斗，甚至能把它们整只吞下变为腹中大餐。就在前不久，邻村一位村民家的狗就被这一条蟒蛇袭击过。

蟒蛇在草丛中游走

看来这是一条相当饥饿的蟒蛇，虽然总长只有3米左右，但仍然能将一只和自己体重相差无几的柴狗整个吞进肚子。实际上，蛇类在猎取食物时，不需要咀嚼，它们靠的是毒液或者缠绕使猎物无力反抗，然后采取整体吞咽的方式。蛇类之所以能够吞下比自己嘴巴还要大很多的动物，都归功于它们独特的头部骨骼结构。蛇下巴的颚骨与头骨是由弹性非常好的韧带连接，当吞食大型猎物时，韧带可以大幅度地伸展，必要时颚骨还可以分开，这样蛇的嘴便会不可思议地变成一个血盆大口任意吞咽食物。吞食区区一条小柴狗对花蟒来说并不是问题。

这一次勐宋乡的村民却遇到了比先前还要大的花蟒，它若是发威的话，后果不堪设想。为了不伤及无辜，大家试图驱赶花蟒，让它远离人们生活的环境。但眼前的这条大花蟒任凭村民如何驱赶，却一动不动地盘卧在原地，没有任何反应。

黑尾蟒蛇

村民们不禁纳闷，这条大花蟒既不攻击人，也不想猎取食物，对于人们的一次次威吓亦无动于衷。蟒蛇是陆地上最大的爬行动物，5米以上的蟒蛇就可称为巨蟒了。而眼前的这条蟒蛇完全没有想象中的凶恶，是什么原因让它如此安静，不肯离去呢？

经过仔细观察，村民们发现花蟒尾部有一处10多厘米的明显肿块，并且有溃烂的迹象，也许就是这伤势让它非常虚弱，丧失了行动能力。看着奄奄一息的花蟒，村民们不能坐视不管。经过一番商议，几个小和尚从山下找来竹篓，并从衣服上撕下一块长布条，小心翼翼地将蟒蛇的嘴套住，然后将其抬到了山下，随即通知了勐海县森林公安局。

勐海县森林公安局一听到消息，马上就采取了紧急救援行动。4个小时之后，受伤的花蟒被运到了局里。

刑警："我们请了林业局野保站的人过来，他是专门抓蛇的蛇王，他抬着蛇的头，我们就在后面抬着。"

被称为蛇王的人名叫杨海生，是当地林业局一名工作人员，从小就喜欢和各种蛇打交道，熟悉它们的习性。在勐海地区只要有救助野生蛇的行动，基本上都有他的身影出现。

当杨海生和公安民警费力地将花蟒从铁笼里抬出的时候，花蟒似乎恢复了一些活力，开始奋力反抗。而杨海生知道怎样接近蟒蛇可以使它放松警惕，甚至用巧劲握住蟒蛇满是利齿的大嘴和颈部，使它乖乖听话。很快在这位蛇专家的调教下，花蟒逐渐顺从了许多，安静了下来。据杨海生初步判断，这是一条20岁左右的成年雄性黑尾蟒蛇。

影视剧中的蟒蛇形象都被人为地妖魔化了，而事实上，蟒蛇并不像我们想象的那样恐怖，它们可以说是蛇类中行动最为迟缓笨拙的一种。只要吃饱后，花蟒大多数时候都是性情温和，懒洋洋的。尤其是在快要入冬的季节，基本上是处于冬眠状态，很少出来活动。那么，这么一条深居简出的花蟒是如何受伤的呢？

蛇类整体吞咽食物

无论是砸伤，还是踩伤，最重要的是控制花蟒的伤势不再继续恶化。于是民警拿来药水为受伤的花蟒进行清创治疗。

一个星期后，花蟒在民警们的精心照顾

下，伤势已经得到了明显好转，精神状况也比刚来的时候好了许多。就在花蟒身体逐步好转的时候，一直牵挂着蟒蛇的勐宋乡村民集体从十多千米外赶到勐海森林公安局看望它，并向领导反映了一件令他们很吃惊的事情。

吞噬过柴狗后的花蟒

大安村的村民们开始纷纷猜测，一定是大花蟒在山上有个伴侣，它发现自己的爱人不见数日，便发出悲鸣的哀号。因此大家开始不安起来，如果上山采茶做农活碰到这条蟒蛇，被它咬伤怎么办？

在当地老百姓的强烈要求下，也为了消除村民们的恐慌，勐海森林公安局决定提前放生。

放花蟒回山林的那天，整个大安村都沸腾了，村民和最先发现花蟒的小和尚们一路兴高采烈地把它抬到当初求助的地方，就此放归大自然。

此时花蟒像是通了人性，温顺地任凭大家抚摸它的身体，仿佛在报答人们的救命之恩。

看着花蟒慢慢爬回了森林里，村民们松了一口气，村庄也恢复了往日的宁静。

谁知，一个月后，花蟒又出现在被放养的地方。

民警在给花蟒处理伤口

经过村民仔细辨认，这条受伤的蟒蛇就是一个月前放生的那条金花大蟒。这一次花蟒的局部有明显的发炎肿胀，显然已经严重感染。由于花蟒这次伤势远比上次严重，考虑到勐海县的医疗条件，勐海森林公安局立即把花蟒送往医疗条件更好的西双版纳热带动物园，请那里的专家为它治疗。

花蟒被送往 60 千米以外的景洪抢救的消息传到了大安村，村民们都为花蟒的安危而担忧。远在景洪的花蟒，许医生和他的助手为它进行治疗。当消毒药水洗下去后，无数的蛆虫便纷纷从内部爬了出来。花蟒伤口感染的情况以及大量寄生的蝇蛆说明，花蟒的伤势已相当严重，很可能伤及至花蟒身体的内部组织。

花蟒盘踞在茶叶树下

制服蟒蛇

温顺的花蟒任凭村民抚摸

在花蟒受伤最严重的地方，许医生不断地用过氧化氢彻底清洗伤口，之后喷上云南白药，注射消炎药。然而，这些都是最基本的治疗，如想治本，必须了解花蟒体内受伤的程度。手术解剖不适用于蛇类，只有 X 光可以查明花蟒的伤势。于是干警们不得不向医院求助。

这天傍晚，西双版纳州人民医院放射科迎来了这位特殊的“患者”，花蟒要通过 X 光扫描，以确定伤情。而此时的花蟒似乎对人们的热心救助非常领情，5 名工作人员很顺利地将它安置在了 X 光机前。然而，结论却并不令大家满意。

汪庆伟（西双版纳州人民医院主治医师）：“从拍片的情况看，它很可能骨折了。

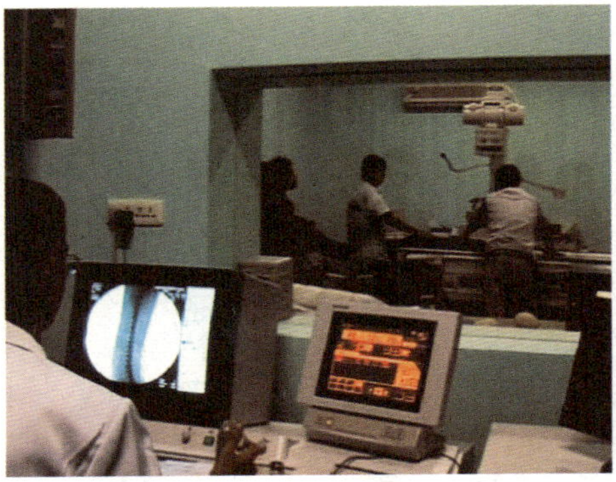

给花蟒做 X 线检查

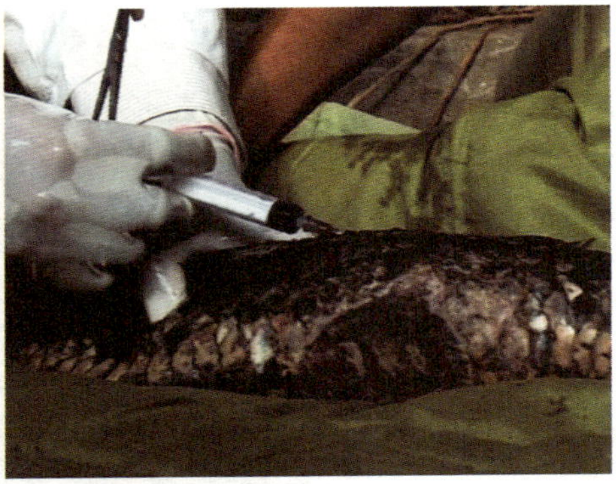

兽医在给花蟒打针

这并不是一个好现象，蛇是脊椎动物，没有足，行走主要依赖 300 多根肋骨和强健的肌肉组织，而骨折对花蟒来讲是很致命的。”

常宗波：“我们从昆明请来了两位专家参加会诊，大家根据蛇的伤势拟定了一个比较完整的方案，每天用夹板把它夹起来，给它打针，输液。”

通过将近一个月的精心看护和治疗，花蟒的伤势一天天好转，并且恢复了捕食能力。这次吸取了第一次放养的经验教训，等到花蟒彻底恢复健康再进行野外放生的计划，因为毕竟大自然才是它真正的归宿。

（章京）

水母危机

在我国山东省青岛市某电厂曾发生过一次水母灾害事件，由于海水泵房取水口涌入大量水母，工人们全天候不断清理，3 天一共清走 10 吨水母。这次水母入侵事故导致青岛的工业和居民用电受到极大影响。不只是那一年，也不仅仅是青岛，水母爆发的现象已经在全球众多地区先后发生，而原来 40 年一遇的水母爆发，从 2000 年开始几乎是年年发生。2010 年 6 月以来，这种情况更加恶化，英国、美国、日本、以色列等国水母爆发的情景让人避之不及，更无法对付，绵延的海滩上堆满了水母，令人忧心忡忡。水母大军一到，首当其冲的就是渔业。日本是个靠海吃海的岛国，自从 2002 年几个渔民在捕鱼时发现捕获的不是鱼而是水母之后，接下来的每一年，人们都会发现数十亿只巨型水母在日本海域活动。

亿万年来，水母一直潜藏在深海，为什么现在它们要浩浩荡荡集结成群？它们频繁出现究竟预示着什么？水母爆发的温柔面具下，究竟隐藏着什么可怕的玄机？

为了找到水母爆发的真正原因以及控制办法，国家 973 项目水母计划于 2010 年底正式启动，在中国科学院海洋研究所的牵头下，全国 6 个单位的 40 位科学家组成研究团队，开始课题研究。

孙松（中国科学院海洋研究所研究员，首席科学家）：“通过水母这个研究载体，研究整个中国近海发生了哪些变化，生态系统发生了哪些变化，未来会怎么变？这是我们真正的目的。”

潜藏在深海的水母

世界各地水母大爆发 1

世界各地水母大爆发 2

渔网里打捞起巨型水母

全世界一共有 1 400 多种水母，已知的大型水母就有 250 多种。大多数人对水母的认识仅停留在对海蜇的认识上，海蜇也是一种水母，但是目前水母爆发的所有种类中却没有海蜇。那么，影响我国近海生态安全的水母会是哪些水母？我们在野生环境下如何对它们进行跟踪观测呢？

早上 8 时，研究人员要赶着潮水出航，这样的近海考察，每个月他们要做两次。

胶州湾位于山东半岛的南部，是一个面积为 390 平方千米的扇形海湾。这次和考察船一起出海的还有一条渔船，大家计划要分别在 3 个点投放渔网：第一个点距离海边 3 千米，而在胶州湾大桥南面的第二和第三个点分别距离海边 6 千米和 10 千米。此时，前面两张渔网已经放了下去，现在研究人员要赶往胶州湾大桥的南面放下最后一张渔网。

目前，世界上对野生状态下的水母研究都很困难，有仪器可以探测 4 千米深海的鱼，但是对海洋中的水母却无计可施。

船一路行进，大家只能凭借肉眼观察水面。此时，一只霞水母悄无声息地出现了，接着一只巨大的沙海蜇又闯入了大家的视线。

每行进一分钟，就会有四五只水母出现，这样的情况令大家非常兴奋，可是每当大家想要捞起来，没等靠近，它们就溜走了。

别看水母没有大脑，但是每个水母的伞部边缘都分布着最灵敏的感觉器官，这些感觉器官兼具耳朵和眼睛的功能，外界有风暴来袭或其他危险靠近时，它能感知到海水里所产生的次声波，从而在威胁逼近之前早已逃之夭夭。

简单的打捞工具对付不了这些狡猾的水母，大家期待放下去的渔网，能有巨大收获。此时，第一个点要起网了，但是看到渔民毫不费力就拉起渔网，大家的心都凉了半截。

紧接着，第二张渔网被拉了起来，这次打上来的东西绝大多数仍是水母。这就奇怪了，现在正是休渔期，为什么放了3个小时的渔网，却打不上来一条活鱼呢？

10年前，大型渔业考察船在黄海作业起获的全是鱼，而在10年后同一海域的同一条船上，所起获的却全是水母。这样的情景会在胶州湾里再次出现吗？大家期待距离海边10千米远的最后一个观测点。此时，渔船上的每一个人都在使劲，但是渔网没有被拉起，反而整个渔船发生了倾斜。这样的情况令人兴奋，大家预感到一定有东西。

足足花了好几分钟，沉重的渔网才被拉了起来，大家欣喜地看到渔网里全都是果冻状的大家伙。

很快大家就发现，被打捞上来的大水母不只4个，而是6个，由于在渔网里互相挤压，它们已经不再完整。但是，新鲜的水母触手仍然具有杀伤力，在起网的时候，两个渔民的手臂被撩起了大水泡。

为了弄清楚水母爆发究竟还有哪些因素，课题组需要建立一个可以控制和模拟海洋环境的水母实验室。青岛水族馆的水母宫梦幻而美丽，这里一共展示着十多种水母，当初为建立水母实验室，研究

世界各地有各种水母

人员就曾经到这儿来借取水母样本。经过仔细考虑，研究人员挑选出在全球海洋分布最广的水母——海月水母，作为第一批样本进行饲养和观察。一般成熟的水母在两三周之后就会释放精子和卵子，可是这些水母已经来了 60 天，为什么还没有动静呢？正当大家发愁的时候，令人惊喜的一幕出现了，水族箱上出现了很多小白点。

这些小白点，正是水母的幼体——水螅体。

海月水母拥有 4 个环状的胃，在伞部下面和胃对应的地方就是它的生殖腺。通常，一对雄水母和雌水母，它们会排出 10 万个精子和卵子，在水中受精后，受精卵会沉到海底，找坚硬的东西附着下来发育成水螅体。水螅体只有 2 毫米大小，虽然是幼体，却拥有惊人的能力。

水母没有大脑，不知饥饱，它的一生都在进食。这些食物通常是以浮游动物为主，另外还有小鱼小虾，甚至还有同类。我们拍到了白色霞水母捕食海月水母的画面。此时美丽温柔的霞水母简直就是一个白发魔女。它最厉害的武器就是触手，抓到猎物时，每条触手里的成百上千个刺细胞会迅速击穿皮肉，释放毒液，麻痹猎物。

水母看似温柔，它却是世界上最凶猛的食肉动物之一。海月水母早已无法动弹，瞬间就被霞水母一口吞没。水母的触手多而且有毒，这正是研究人员担忧的地方。

水下拍摄水母群

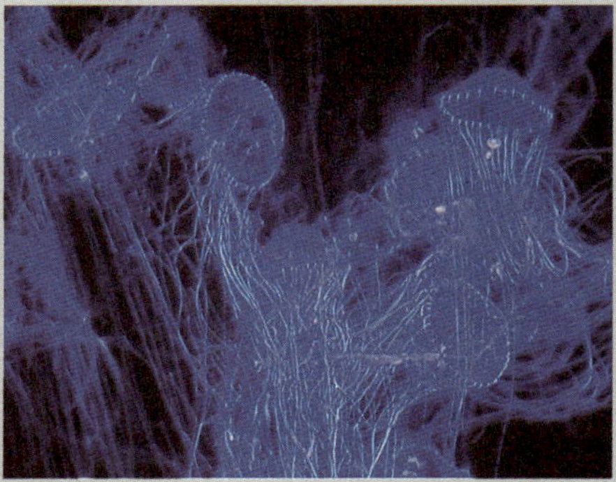

青岛水族馆里的水母宫中饲养的水母

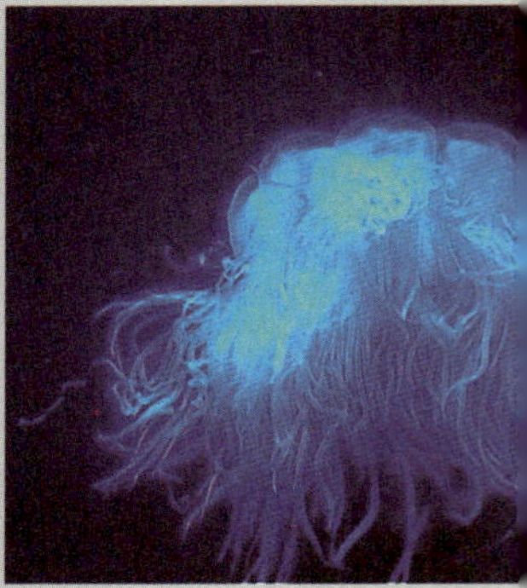

水母捕食同类

霞水母的触手最长可以长到50米，它的杀伤力在50米之外依然强大。近些年来在日本海域出现的巨型水母——越前水母，就具有更加令人生厌的贪婪，越前水母伞径最大可以长到2米，体重可达200千克。一天之内一只巨型水母就可以吃掉一个大型游泳池内所有的浮游动物，水母出现的地方，鱼类根本就没有生存之地。

但是偌大的海洋，鱼类占据食物链上层，亿万年来，鱼类也不曾输给水母，为什么这种状况现在却突然开始逆转呢？

越前水母在我国被称作沙海蜇，由于它在我国海域频繁出没，课题组将它作为第二种水母样本开始饲养和观察。然而在沙海蜇的水螅体上，除了观察到同样惊人的捕食能力，研究人员还看到了令人瞠目结舌的东西。

沙海蜇的水螅体沉入海底后可以在附着物上移动，移动的同时它们会留下一点组织，研究人员称之为足囊，而这些足囊可以繁殖出更多的水螅体。这种自我复制、无性繁殖的方式足以让最初的10万个受精卵，演变出几十亿个水螅体。当水螅体进一步长大，一摞碟状的小水母就会一个个分裂出来，最终的数量则会达到数百亿。水母具有如此变态的繁殖方式，会是这些年来水母爆发的一个原因吗？

过度捕捞和水母奇特的繁殖方式不足以解释水母全球大爆发的现象，那么操控这一生态灾害的背后元凶会是谁呢？经过分析，研究人员发现，水母的水螅体不仅数量庞大，而且它们还有一个最大特点——就是休眠。外界条件不适合，它可以休眠40~60年，一旦时机成熟，它们就开始活动。一定是外界环境发生了某些变化，导致水螅体不断生长发育！那么究竟是什么东西发生变化了呢？研究人员分析和整理多年来取得的海水样本，他们发现不仅海水温度存在逐年升高的趋势，同时，还有一些微妙的变化已经持续多年。

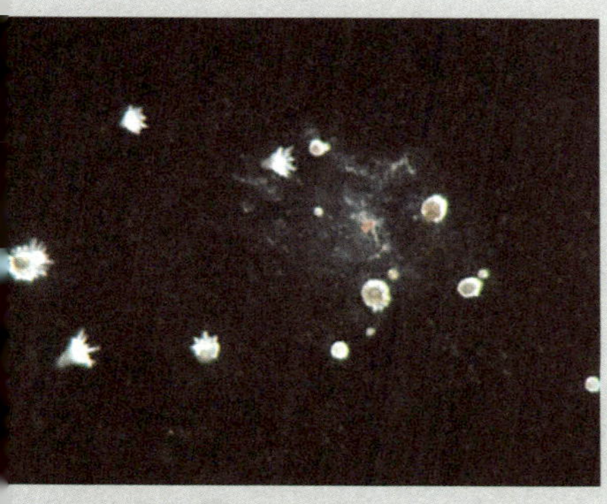

显微镜下的水母水螅体

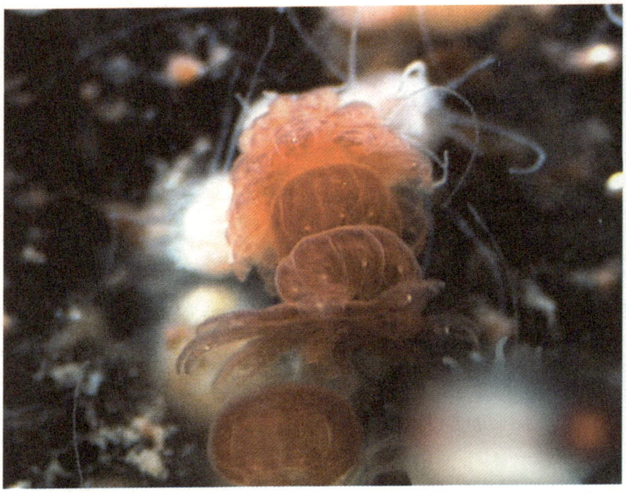

水母的繁殖

从1960年开始研究人员记录下的胶州湾海水富营养化的变化情况，可以看到从1980年开始海水的富营养化程度是以前的3倍。

孙松："有数据表明，在过去的60年中，我们从海洋中获得了30亿吨的鱼类，这些鱼类都是野生的，不是人类养殖的。同时我们把超过30亿吨的垃圾排到了海洋中，整个海洋发生了非常大的变化。"

人类社会的急速发展，产生大量的工业和生活垃圾。排污导致海洋里过剩的营养越来越多，如此一来，藻类植物泛滥，赤潮、浒苔大行其道，于是，藻类植物为浮游动物提供了充足的食物，而浮游动物大量繁殖以后，以浮游动物为食的水母便开始横行霸道。

海洋食物链的金字塔结构，是从最底层的硅藻类、单细胞植物到最顶层的大型鱼类和海洋哺乳类动物。这个结构已经稳定了亿万年。但是水母种群爆发使它们大肆抢夺浮游动物，鱼类缺乏食物来源，海洋食物链即将被打破，而不管水母爆发是全球变暖、过度捕捞、富营养化，还是其他因素促成，人类对自然的过度索取，终究要为其后果承担责任。

孙松："从目前的研究来看，我们对海洋的关注，对海洋生态系统的关注，不仅是看到资源问题和眼前这点利益，更应该关注海洋整体的健康状态，因为这对整个人类都很重要。"

国家973项目水母计划拟用5年完成。希望在世界性难题面前，中国科学家能最终找到应对这一生态灾害的解决之道。

（唐中柳）

“中国水鹿”想回家

张恩迪是上海人，从他还是华东师范大学的一名学生起，就与鹿结下了不解之缘。

张恩迪（华东师范大学生态学教授）：“在读研究生的时候，我的导师盛和林先生，是研究中国鹿科动物的专家，他当时就在研究很多小型鹿科动物。”

基于国内老师的指导，当张恩迪留学英国剑桥时，选择的研究课题也是一种小型鹿。这种鹿是19世纪70年代英国贝德福德公爵在上海市郊区的集市上发现，并带回英国的。后来经过英国的研究机构确认，这是一种中国特有的、古老的野生鹿，因为它喜欢游泳，国际上把它定名为“中国水鹿”。而在中国，这种鹿被人们称为獐。

张恩迪：“在国内这种动物非常少，看到人就跑，基本上没有办法做一些行为学研究。我们对它的行为学知识和生殖生物学了解得非常少。”

在中国，獐曾经的分布范围是非常广的，从北边的辽东半岛，一直到南边的广西、广东一带，都可以随处见到獐。可是由于城市的建设和人为猎杀，现在只有江苏的苏北地区、江西的鄱阳湖，以及安徽部分地区和浙江的舟山群岛，还存在少量的野外个体。而100年前在张恩迪的故乡上海，獐就已经彻底消失了。獐被我国列为国家二级保护动物。

中国水鹿

在英国的张恩迪，虽然终于可以通过望远镜仔细地观察獐了，但是随着对獐了解的深入，张恩迪却越来越惆怅起来。

张恩迪："能不能把獐引回中国，能不能让我的学生在中国大陆上，在獐自己的故乡，从事和我一样的研究呢？"

张恩迪的这个想法，却遭到了英国导师的拒绝。受负面报道的影响，他们认为如今中国人对野生动物的保护意识还很差，特别是在上海这样的国际大都市的郊区，要恢复"中国水鹿"的野生种群根本不可能，不同意把"中国水鹿"交给上海张恩迪只好自己回到了祖国。虽然得不到英国人的支持，但是近年来上海的变化，还是让张恩迪看到了"中国水鹿"回到上海的希望。

有了绿地，就有了獐可以栖息的场所。但是张恩迪不能从英国直接引进上海本土獐的后代，那么他又去哪里能够找到和上海本土的獐完全一致的种群呢？如果找不到，就谈不上本土物种的重新引入了。

陈珉曾是张恩迪的一名学生，受老师的影响，从念硕士起就参与到獐的重新引入项目。令她欣慰的是，经过近10年的考察，通过对国内各地野生獐的粪便，

中国水鹿

以及动物残骸抽取的DNA对比发现，国内的獐与生活在英国的上海本土獐的后代几乎是同一种群，没有进一步分化。这就意味着，不需要一定从英国引种，完全可以从国内寻找种源。这让人们看到上海本土獐的回归是有可能的。

中国水鹿足迹

在政府的支持下，项目组在上海浦东外环林带的华夏公园里，先开辟出一块林地，又从相对种群较大的舟山群岛，引进了21头獐，准备尝试先圈养獐。毕竟獐在上海已经消失100多年了，在没有獐的岁月里，上海的气候、野外的植被都是有一些变化的。专家们担心这些獐在上海如今的气候环境下，成活率又会怎么样呢？

张恩迪：“我们对野生动物的疾病知识是非常缺乏的，一旦疾病来了以后，它们可能会一下子全部死掉，而我们却束手无策。”

獐与人们常见的梅花鹿、麋鹿等鹿种不同，不仅雌、雄的大小没有差异，而且雄性的獐也没有那对漂亮的鹿角，取而代之的是它的犬齿很发达，突出在口外，形成像獠牙一样的武器。

陈珉（华东师范大学生态学副教授）：“2006年建这个试养点，2007年，我们把种引来了，当时只引来了21只。非常可喜的是，它当年就繁殖了，说明还是非常适应上海的气候条件的。”

初来的21只獐，在人们的精心照料下，除一只死亡外，其余的全部存活了下来，并且有了第二代。这让专家们看到了希望，却也让照顾它们的饲养员，增添了烦恼。

奚师傅（华夏公园饲养员）：“地上的植被吃得到的，它吃完了，树上能够得到的，它也都吃完了。在5月以后，只能把高一点的树枝剪下来让它吃，平常就喂豆粕。”

原来在自然环境下，像华夏公园的这片林地范围，最多只能存在十几只獐，而现在经过几年的繁殖，已经超过了70只。院子里自然生长的草木，以及池塘里水浅处的芦苇，都已经不能满足它们的需求，为了保证这些宝贵的种源能够繁殖得更多更好，奚师傅除了给它们喂饲料，每天还要亲自动手，为它们采摘新鲜的绿色植物。

眼见獐的数量逐渐多了起来，说明它们还是能够适应上海的气候的。但是在华夏公园里，它们是完全靠人工喂养才能存活的，如果真的放到野外，它们的生存能力又会怎么样呢？为了让獐能够离自然更近一些，最终达到它们能在野外建立自己的种群，完成让“中国水鹿”回归上海的愿望，项目组决定，大胆地尝试对獐开始实施野化训练。首先他们选择了地处浦东的滨江森林公园，和位于松江的浦南林地。

獐在进入这两个地方之后，主要靠自己去觅食，去寻找隐蔽地和伴侣。在野化训练之前，专家们又对这两处的植被做了调查。经过与舟山地区的植被比对发现，在即将放养的区域里，有十几种植物在獐的食谱里。但是这

中国水鹿

无线电跟踪

水鹿妈妈和小水鹿

遗失的项圈

些在人工环境下繁殖长大的獐，在完全脱离了人的帮助后，能独立地生存并繁衍自己的后代吗？

在浦东的滨江森林公园这里，由于公园的面积很大，引入的獐已经可以全年不需要人工补充食物资源了。

在浦南林地的涵养林里，这里的植被种类不仅丰富，而且基本都是上海的当地物种。虽然由于面积相对较小，在食物缺乏的季节里，还需要人工补充一些饲料，但是不同于滨江森林公园，在这里，獐可以不受人的打扰，完全享受属于上海的自然野生环境。研究发现，一些在舟山群岛上没有的植物，獐在这里也会吃。就是说在食物方面，獐已经能够逐步地适应上海了。

何鑫在这个项目里主要负责獐的无线电跟踪，以此判断獐的活动规律，知道它在一天里什么时候活动频繁，什么时候休息，生活的状况会怎么样，特别是了解獐会优先选择怎样的栖息地，以便为进一步为獐的选址工作打好基础。但是跟踪研究对科研人员来说也是一项挑战，因为他们不管刮风还是下雨，都要按照设定好的时间去寻找獐，要对獐进行 24 小时的跟踪研究。

何鑫（华东师范大学博士研究生）：“它们偏好在清晨和傍晚活动，在中午的时候，活动还是比较少的。”

田鑫鑫的任务则是把自己当成干扰源。试验时她每天按照设定好的路线，独自穿梭在浦南林场这片已经属于獐的领地里。观察野生环境下的獐在突然发现人类时的反应，为野放之后，人们与獐相遇时，提供行为规范。

田鑫鑫（华东师范大学硕士研究生）：“将来真正放到和人群在一起的环境的时候，可以指导人怎样的行为对它干扰最小，人和动物既能亲切地接触，又能够保障獐的正常生活不受到干扰。”

无论是浦南林地，还是滨江森林公园，虽然是一个近似野化的状态，獐也可以脱离开人的帮助自由地生活了。可是这些地方毕竟是有围栏的，外面的人伤害不了里面的獐。科学家们最终的目的还是要把獐放到一个纯自然的条件下生存，使它在上海的自然生物链中，起到应有的生态作用。

在积累了大量的数据资料，并且对獐有了更深入的了解之后，专家们在上海周边为獐选择了第一个野放地点——南汇东滩。

通过电子跟踪发现，生活在南汇东滩的獐，大部分都在健康地成长着，但是人们最担心的，导致它最初灭亡的猎杀事件还是发生了。

何鑫：“在遥测的过程中，它的信号固定了，后来我们去寻找发现没有獐，只有项圈。”

陈珉：“这个项圈是可以自动脱落的，但是找到以后我们就发现，这个项圈已经被剪断了，而且是在路边的水塘被发现的。”

在路边的这片水塘，并不是獐喜欢的栖息地，人们推测项圈是被人为地扔到这里的。面对这齐齐的剪刀口，陈老师感到了一些失落与伤心。难道“中国水鹿”在100年后回到家乡，面临的还是杀戮吗？它有可能真正地回家吗？

经过多年的努力，我们相信最终獐是可以在上海这样一个繁华大都市里生存下来的。如果这项试验能够成功，也会为其他城市的其他物种的重新引入，起到很好的借鉴作用。

滨江森林公园自从有了獐，游客量开始不断上升，很多老百姓在公园里不仅是坐在草坪上享受田野的绿色，而且也希望当他坐在公园的长椅上时，能有鹿从视线中，甚至是从身边跑过。

（秦雪竹）

给野蜂搬家

它们是让人恐惧的昆虫，曾有过蜇人致死的案底，但在云南哀牢山区，却有人敢和它们打交道。

一片羽毛据说就能找到大胡蜂的巢穴。

危险的野蜂真的能搬进山寨，与人相伴吗？

这是在云南哀牢山脉的树林中，哈尼族老人车老铺和他的同伴发现了居住在一棵树上的一窝野蜂。野蜂生活在树上不会主动攻击人，车老铺用硝烟袭击蜂巢是为什么呢？

蜂巢被小心翼翼地取了下来，导火索的硝烟已经起作用了，这窝野蜂已经完全失去了战斗力。硝烟不会使野蜂致命，它们只是暂时被熏晕。根据车老铺的经验，一个小时以后，它们就会醒过来。蜂巢里还会找到些什么呢？

六角形的巢室被一种白色的东西封住了，揭开这层白色的壳，里面是肥嫩的蜂蛹。看来，这就是大家此行的目的。取走了蜂蛹事情还没完，车老铺要把剩下的蜂巢挂回树上，醒来的蜂王会带着幸免的野蜂继续在这里生活。

取走了蜂蛹后，剩下的蜂巢要挂回树上，醒来的蜂王会带着幸免的野蜂继续在这里生活

在哈尼族人的猎取活动中，有一种朴素的环保智慧。野蜂的幼虫和蜂蛹富含蛋白质和脂肪，是哈尼族人最

野蜂的幼虫和蜂蛹富含蛋白质和脂肪

肥嫩的蜂蛹对大山中的人们来说
难得的美食

熏晕过去的野蜂连同蜂窝被整个搬

喜欢的一种美味。野蜂也被用来泡酒。高山上湿气很重，这种野蜂酒除了驱寒以外，据说还可以治疗和预防风湿。野蜂危险却是难得的生活资源，因此，在哈尼族人的劳动生活中，有一项只被极少数人掌握的技能：饲养野蜂。

美丽的梯田上面是哈尼人的村寨，寨子里活跃着野蜂的身影，准确地说它们已经是家养的野蜂了。每个寨子里总有一两个神秘的人物，继承着饲养野蜂的技术，他们被尊称为蜂王。车老铺就是这样一位蜂王。

车老铺把野生蜜蜂的家安在墙壁的夹层里。野生蜜蜂不会主动攻击人，危险性最小，和人的距离也最近。而个头大一些的野生胡蜂只能安置到寨子边上，离人远一些的地方。

今天，车老铺准备去找的是山上最危险的一种野蜂，它们的蜂巢非常隐蔽，很难被找到，对付这种野蜂，哈尼族人的祖先留传下一种神奇的方法。蜂王车老铺现在捉的不是野蜂，而是蜻蜓，它们是野蜂最喜欢的食物。接下来，车老铺开始准备一种更重要的工具。

老人的手出奇地灵活。很快，这片羽毛被做成一个环扣，过一会儿，它就会带我们找到野蜂的家。现在，车老铺用蜻蜓做了一个诱饵，来吸引觅食的野蜂。今天要找的大胡蜂是野蜂里的大块头，它们喜欢把巢建在隐蔽的地方，即使有经验的蜂王也不容易发现，寻找它们的线索就是脚下这棵栗树。

车老铺给野蜂的腰上系上羽毛，顺着羽毛的踪迹就能找到它们的巢穴

这里是大胡蜂经常出没的地方，因为栗树能分泌它们很喜欢的汁液。当然，相对于这种素食，它们更喜欢吃肉。有野蜂上钩了，趁它专心致志吃蜻蜓的时候，车老铺要把羽毛系在它身上，然后，根据羽毛飞去的方向，寻找野蜂的大本营。大胡蜂能长到35毫米，即使这样，要把羽毛系在一只活的野蜂身上，也绝不是件轻松的事。车老铺连续试了好几次，都没有成功，这是一个考验耐心与毅力的技术活。上钩的野蜂又飞走了，车老铺需要下来歇口气。

栗树下，一场决斗正在进行，这两只狭路相逢的大胡蜂从空中打到了地上。谁也不肯松口。这样你死我活的战斗不会发生在同一窝的伙伴之间，战场边缘，一只蚂蚁坐收渔翁之利。它大摇大摆地把野蜂咬下来的翅膀搬走了。

一只大胡蜂全身而退，另一只却失去了全部的腿和一只翅膀，不管是为了争夺食物，还是误入别人的巢穴，这一次它付出了生命的代价。

休息片刻，车老铺换上新的诱饵，准备再次上树。很难相信这是一位老人的身手，车老铺这次爬得更高了些。哈尼族人饲养野蜂的技术传承久远，在他们总结各种生存技能的口传史诗中，除了耕种梯田、上山打猎和谈恋爱以外，排在第四位的，就是饲养野蜂。

大胡蜂并没有记住前几次的教训，又一次上钩了。而这次，车老铺没有再让它有机会溜走，毕竟，“蜂王”的名号不是白来的。打了环扣的羽毛套在大胡蜂的胸部和腹部之间，环扣被搓紧，牢牢卡在这个身体最细小的部位。轻柔的羽毛对大胡蜂的飞行几乎不会有任何影响，过一会儿，它就将带着这片羽毛飞回自己的巢穴，而白色的羽毛在绿色山林中会格外显眼。

在大胡蜂身上成功系上羽毛后，车老铺开始追踪它们的飞行路线。祖先总结下来的经验表明，蜂巢就在不远的地方。车老铺还需要一两个助手，分别站在不同的山头，分段观察追踪。有时候失去了追踪的方向，就要在失去方向的地方再捕捉野蜂，系上羽毛，继续跟踪。

在放飞了好几次羽毛之后，蜂巢终于在山顶上找到了。这群大胡蜂很会挑地方，这是个避风、遮阳又僻静的地方，如果不是用这种办法，相信不会有人发现这么隐蔽的蜂巢。

在一片白羽毛的帮助下，蜂王车老铺历尽辛苦找到了大胡蜂的老巢。现在，他要把蜂巢连同整窝野蜂一起活着搬回家。蜂巢外游荡着几只大胡蜂，车老铺很有耐心地逐个击破。这个动作如果换成不熟悉野蜂的人，其实有相当大的危险性，大胡蜂一旦被惊扰，会毫不犹豫地拼死护卫家园。

根据祖先留下来的经验，搬运野蜂巢最好是在夜间，但是，夜间走山路毕竟不太方便，新一代的养蜂人也开始采用一些现代武器进行改良，这样他们就可以在大白天给野蜂搬家了。蜂巢外的散兵游勇已经全部收进了网兜，其他野蜂却丝毫没有察觉到异样，正安静地待在家里呢。

导火索再一次起到关键的作用。可这一次的动作慢了一点，有几只大胡蜂抢在洞口封堵以前，跑了出来。必须赶紧想办法捉住它们，否则满腔怒火的野蜂会带来不小的麻烦。

大胡蜂总是集中攻击一个敌人，只要第一只胡蜂进攻得手，蜂毒能起到气味指示的作用，其他胡蜂会纷纷响应，把毒刺刺向同一个敌人，而这很可能是致命的攻击。出逃的野蜂被缉拿归案，现在暂时安全了。

蜂窝里一片安静，硝烟会让一窝蜂昏睡上一段时间，必须赶在它们醒来之前，把蜂巢搬回家。这窝野蜂并不算很大，大概有几百个成员。现在是云南的6月，大多数野蜂家族还没有繁衍兴旺，如果到了九十月份，蜂巢大了五六倍，野蜂家族兵多将广，就再也没人敢冒生命危险了。

蜂巢被成功取了下来，车老铺有些担心，大胡蜂是野蜂里个头最大的，硝烟的作用可能维持不了1个小时，他们必须动作迅速。

年轻的“蜂王”龙建忠准备将野蜂的家安在屋檐下。祖先传下的经验：地上的野蜂搬回来要养在地上，地下的野蜂搬回来则要养在地下，不然它们会飞走。

蜂巢内昏睡的大胡蜂苏醒过来了。要不了多久，等它们彻底清醒后，它们的强有力的大颚会咬破网兜，冲出封锁，到时候不但功亏一篑，而且会产生危险。必须赶快采取行动，让它们再睡上一觉。龙建忠只能再一次采用烟熏法，当然，要把握好火候，一旦起作用，就得赶紧撩开塑料布，给它们透透气。

怎样才能让这些野蜂乖乖回到它们的巢穴呢？龙建忠把全部昏睡的野蜂放入尼龙网兜，然后，把它们隔离成几个区域。只要有一只大胡蜂醒过来，别的野蜂也会受到刺激，很快清醒。为了防止它们互相影响，这样的隔离是非常必要的。

这个蜂巢做得很漂亮，大胡蜂对它们的家总是呵护备至。但是到了冬天，所有的野蜂都会永远离开这里，到那时，蜂房会卖给药铺，这可是杀毒止痛的好东西。

野蜂巢连同尼龙网兜一块儿被放到屋檐下，现在可以取消隔离，让野蜂慢慢苏醒，重新爬回蜂巢了。大胡蜂的大颚强劲有力，它们能撕碎蜻蜓的尸体，能咬断同类坚硬的腿脚，区区一层尼龙网显然不能长时间困住它们。为了让它们忘记身处困境，一点甜头是必不可少的。龙建忠在蜂巢周围抹上一层蜂蜜，对于这群惊魂未定的大胡蜂，食物是最好的安慰剂。

到了晚上，外面的野蜂会全部爬回蜂巢，尼龙网就可以撤走了。用不了一两天时间，它们会完全熟悉和喜欢上这个新的环境。几天后，车老铺又找到了一窝黄土蜂，这其实是一种黑尾胡蜂，个头和大胡蜂不相上下，因为喜欢把蜂巢筑在土里面，哈

野蜂的新家就在村民的屋檐下

车老铺把蜂巢固定在竹片上

尼族人叫它们黄土蜂。

和前两天大胡蜂的蜂巢比，这窝蜂人丁稀少，只有几十个成员。过冬之后幸存下来的黄土蜂才能自立门户，从一只蜂王繁衍出一个家族。家族的规模有大有小，往往受到外部条件的制约，不过车老铺并不担心，只要食物充足，环境适宜，要不了几个月时间，这窝蜂会扩展成两三千只的庞大家族。

车老铺把蜂巢固定在竹片上，趁着夜色，可以给黄土蜂们搬家了。地下找到的野蜂怎么给搬到地下呢？几个年轻人也来看热闹。蜂窝被悬空架在这个地下巢穴的上面，然后铺上几块木板，再封上土。最后是一层塑料薄膜，待会儿它可还有一个重要的用途呢。这就是蜂巢的门户，不大不小，刚刚能够让一只黄土蜂从容地通过。

竹篓子里装着其他黄土蜂，它们一个晚上都很安静，现在，它们肯老老实实地搬进车老铺给它们准备的这个新家吗？车老铺的助手亮出了秘密武器——手电筒。

大多数昆虫都有趋光性，用塑料薄膜罩在蜂巢顶上，然后打开手电，黄土蜂们就会循着光亮，乖乖地爬进洞里。看，没几分钟，蜂群们已经全部搬进了新家。塑料薄膜可以防水，当然，还需要给这个地下的巢穴再挖出一条排水沟，这样，黄土蜂的新家就算落成了。

第二天，适应了新环境的黄土蜂已经开始安居乐业了。再过一段时间，新的一代陆续出生，地下的家显得有些拥挤了，野蜂家族就会扩大房屋。哈尼族人喜欢饲养野蜂还有一个重要原因：野蜂捕食田间地头的害虫，会成为他们的好帮手。只要稍加注意，散落在村寨各处的野蜂和人之间就能相安无事。

每年的九十月份，秋高稻熟的时候，野蜂家族也会达到巅峰，对于养蜂人来说，那将是一个收获的季节。

（何敏）

黑熊历险记

冬天的一个下午，1点左右，四川龙桥黑熊救护中心接到电话，说在成都附近的一个村子里面发现一只黑熊，目前那只黑熊暂时还没有攻击村民，只是躲在一棵十几米高的树上。

四川龙桥黑熊救护中心工作人员："当时我们在接到电话的时候就问得很清楚，具体情况是什么样，为什么确定是只黑熊。他们说在很高的树上，绝对是熊，我们又问会不会是一只猫，他们说不会，确确实实就是一只熊。

"我们马上找到兽医和饲养部门，所有相关人员组成一个紧急救治小组。到了那个地方，车开不进去，因为它是在农田里的一个干涸的小渠沟旁边，还有一排树。当时已经有好多村民在那儿看，当我们走近的时候，就很清楚地看到一只熊在上面。"

熊，相对来说是比较温顺的动物，但作为野生动物，始终还是比较凶猛的。如果遇到黑熊，先不要惊慌失措，不要大吼大叫，因为这样做的话，黑熊会非常害怕，它的第一反应就是要把你制服，可能会主动冲上来。

黑熊出没

当时围观的有几百人，有些村民还带着很小的孩子。我们告诉他们一定要疏散，熊一旦掉下来，朝人群冲出去，那就危险了。

黑熊粗壮肥大，四肢有力，脚上有5只锋利的爪子，用来撕开食物。它的嗅觉十分灵敏，在很远的地方就能嗅到猎物的味道。熊平时用脚掌慢慢行走，当它追赶猎物的时候，奔跑速度非常快，平均速度可以达到每小时 48 千米。进入熊的袭击范围，并且熊认为有人威胁到它安全的时候，都是极其危险的。因此，及时疏散现场围观的群众，在此时就显得非常重要了。

这个时候，大部分的村民已经被疏散到较远的空地上，人类被袭击的危险已经大大降低。然而那只黑熊却继续往树上攀爬，而且越爬越高。现在怎么才能把它弄下来呢？这是一棵十多米高的树，人们不可能上去把它给赶下来。另一方面，要是任由它长时间待在树上，一旦从树上掉下来，会不会被严重摔伤呢？

我们马上召集当地的林业部门和联防队来帮助我们。熊如果非常紧张，它肯定是不会下来的。我们拿苹果等食物来诱惑它，但大家心里也不确定以什么样的方式能让黑熊下来。

在捕捉凶猛动物的时候，最直接的办法就是使用麻醉药，在目前无法接近熊的情况下，还有什么办法把麻醉剂注射到它的体内呢？

一般兽医的麻醉药分为手持注射式和远距离吹管式，当时来到现场的兽医就是随身携带了吹管式的麻醉药。兽医靠近动物，在距离动物数米之外，把麻醉针装入吹管之后，嘴对吹管用力吹气，把麻醉针发射出去，直接打在动物的身上，最终把麻药注射到动物体内，达到麻醉动物的效果。从理论上讲，如果麻醉针药剂起作用的话，半个小时后，它会慢慢地滑下来，或者掉下来。

麻醉需要安静的环境，然而，现场嘈杂的氛围是极其不利于对黑熊实施麻

小孩子在看熊

围观的人群

醉的，如果不能麻醉，根本没有办法让它下来。然而发射麻药，必须要在较近的距离之内，但问题在于，兽医又不能爬上黑熊所在的那棵树，接近动物之后发射麻药，因为谁也不知道黑熊是否会在树上对接近它的兽医发动攻击。

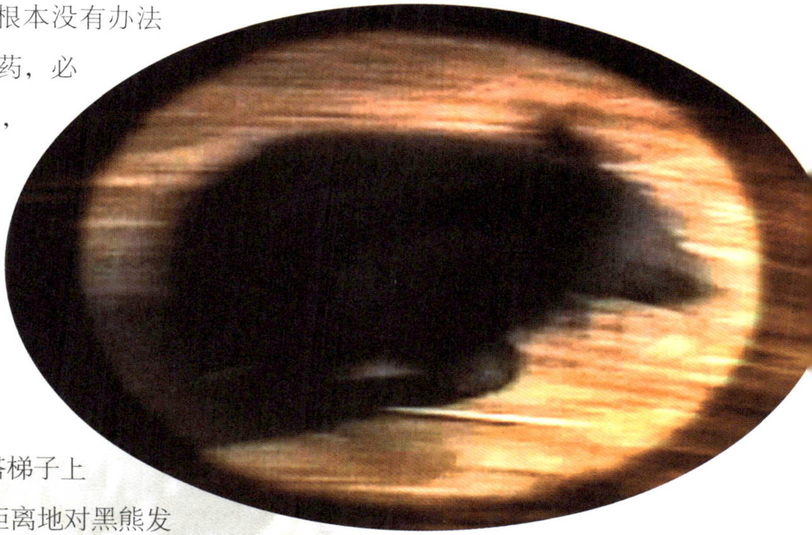

黑熊在逃窜

专家决定，让兽医搭梯子上到附近的一棵树上，近距离地对黑熊发射麻醉针。

我们搭了一个很长的梯子，但是也没有能够高到跟旁边黑熊爬的这个高度一样，但是已经比较接近了，大概距离有七八米。兽医顺着梯子，爬到了另外一棵树上，然后准备了吹管。大概吹了三五针，至少有两针是吹中的，但黑熊还是牢牢地趴在树上，抓得很紧，一动不动的。黑熊此时显得很紧张，但在紧张的情况下，麻醉针是不会马上起作用的。

注射入动物体内的高性能麻醉剂随着血液的循环流向全身，进入大脑，最终抑制大脑皮层的活动，达到麻醉效果。在正常情况下，动物将会在几分钟之内被麻醉，然而，在恐惧、紧张或焦急的心理波动下，动物的中枢神经系统活跃过度，这种精神状态下是非常不利于在短时间内麻醉的。

现在工作人员面临的情况就是这样，时间一点点过去，但我们完全没看到这只黑熊有被麻醉的迹象。这种情况下怎么办呢？

此时，工作人员慢慢地爬上梯子，准备去树梢上绑绳子，希望用这根绳子把树木拉弯，最终让黑熊掉到地面上准备的网兜里。他慢慢地接近黑熊所在的地方，如果这个时候黑熊受到惊吓，向位于十多米高的工作人员发动攻击，惨剧将会立刻发生。

已经别无选择，我们发现，当这个工作人员在树梢绑绳子的时候，黑熊在紧张地注视着他。不知道这是黑熊害怕人类攻击的眼神，还是它准备攻击之前的宁静。

此时,地面上的兽医也将麻醉吹管对准了黑熊,要是黑熊俯冲下来发动攻击，麻醉针将会被立即发射。这位工作人员的动作尽可能地轻,希望不要惊吓到黑熊，但又要尽可能快速完成工作，返回地面。

幸运的是，直到工作人员绑好绳子，那只黑熊也没有移动一下。它在默默地注视着这一切，它注视着工作人员走下梯子。

我们努力拉这棵树，想把它拉弯下来，看黑熊会不会跳下来，或者是它由于被麻醉后自己掉下来。一旦它掉到地上，要用网去接，接的时候马上把网折过来。黑熊落进网后就会变得很被动，就算它在里面挣扎，要想咬人，但它也抓不到。

拉树的工作就要开始了，现场的气氛非常紧张，谁也不知道一会儿黑熊掉下来的时候是一个什么样的情景。

村民已经退到了200米以外，只有现场工作人员才能靠近黑熊所在的那棵树。

我们又在村里找了几个青壮年志愿者帮我们拉，慢慢把树拉弯。黑熊开始在树上晃了几下。人们真怕黑熊如果一下跳下来，大家还没反应，网也网不住，一旦掉到人群里，后果将不堪设想。

拉的这个过程当中，树突然断了，黑熊马上跳了下来。

黑熊跳下来的时候，我们在下面的饲养人员立刻用网接住了它，但是接在了网的旁边。这时，所有

人们在仰望树上的黑熊

将熊网住

的人全部跑过来帮我们把黑熊制服。

黑熊被抓后，它的第一反应是要想挣脱，挣不脱它转过头来顺势就咬了人一口，肯定是有人的手受伤了。当时控制熊的人跟熊一样趴在地上，情况有一点乱。

我们不知道黑熊是怎么跑到这里来的，很有可能是在野外被捕捉，然后在贩运途中逃脱的。因为这里离成都市区只有半个小时的路程，周围全都是民宅，也有很多土地，但是周围没有养熊的，离山林也很远，不可能突然间冒出一只黑熊来，肯定是在贩运当中逃脱了，然后它找到一片树林躲着，最后兽医把它

熊被人们控制住了

抱起来，看到它的整个右手掌是没有的，这说明它很有可能是在野外被捕猎的。

王帆：“我没有想到它会少掉一只手掌，非常心痛，而且很震惊。我想就算是野外的黑熊，这么小，也不会有人要吃熊掌。这种小熊最有可能的就是从野外被捕捉，或者是在贩运的时候逃掉，应该不会有人想去弄它的熊掌。但有一种可能，是野外捕捉，直接被熊夹夹住，或者是一些绳套，后来为了逃脱，自己截掉熊掌。它的体重是比较轻的，作为一个正常的 7 个月大的小熊，体重应该差不多在 70 千克左右，但目前小熊的体重只有 22 千克，这很有可能是它在野外独自生活的那段时间里没有得到很好的食物的原因。”

小熊在刚出生的一两年里，要跟母熊在一起学习生存的基本技能。这只小黑熊显然是没有可能学会这些基本技能的。像这样的熊，只能采取人工饲养的方式，即便把它养得很肥很壮，一旦放到野外，可能还是不知道怎样生存。这些特别的熊只能放在救护中心里终其一生，这也是最理想的办法。

（董浩珉）

人龟情缘

11 月 19 日，广西南宁正在进行龟王、鳖王评比大赛，此刻这里十分热闹，来自不同地区的养殖户都已经展示出各自的参赛选手。大家暗地里较量着谁的龟养得更好。

养殖户在工作人员的安排下摆放各自的龟鳖。参赛的龟鳖种类繁多，吸引了不少摄影爱好者前来拍摄。眼前的一只鳄龟像明星一样，正在无数聚光灯下尽显风采。

据主办方介绍，本次大赛共有 12 种龟鳖参赛，数量达到 162 只，其中大多数是广西特有的品种。这些形形色色的龟、鳖即将角逐龟王、鳖王。他们将会进行怎样的较量呢？龟王、鳖王大赛，都有哪些比赛项目？

长途跋涉前来参赛的养殖户在将自己的龟鳖称重的那一刻显得有点紧张，10 克的差距都有可能使自己的龟败下阵来，失去参选龟王的机会。为此，工作人员细心地核对信息，反复称重。大龟入选小龟落选，难道蜚声全国的龟王、鳖王比赛比的就是体重么？这似乎有些不合理。

钟会长：“经过初步筛选以后，就把每 5 个龟鳖作为一个品种来进行外观的评选，标准有三，第一，一定是原种，占 20 分；第二，是外观，占 30 分；第三才是重量，占 50 分。”

南宁首届龟鳖大赛现场

龟鳖目动物俗称龟，是现存最古老的爬行动物。由于龟的新陈代谢速度缓慢，有些龟十多年也增重不了100克。

从体重可以大致判断龟鳖的年龄，也能充分显示养殖户所付出的辛劳和时间。

展现在我们面前的龟鳖形态各异，但是无论如何，我们似乎很难将其和“漂亮”两字联系起来，什么样的龟鳖算“漂亮”呢？我们去展示区寻找答案。

前来参赛的大鳄龟

黄沙鳖，它是中华鳖的地方种，分布于广西、广东的西江流域地区。

全身淡黄色的龟，其鲜亮的颜色在龟鳖中极为罕见。它是广西拟水龟的白化种，属于基因变异导致的外观变化。此种龟数量极其稀少，大概几十万只中只有一只。

披着长发的绿毛龟，古称神龟，其实是一种背上生着龟背基枝藻的淡水龟。人工养殖的绿毛龟通常是将龟背基枝藻接种在黄喉拟水龟龟壳上。瞧瞧，这只张牙舞爪的大鳄龟，它原产北美洲和中美洲，长相酷似鳄鱼。近年来引进国内进行人工饲养获得成功，其因体壮多肉而闻名于世。

这只背部有三条明显的黑色竖线的龟就是著名的金钱龟了，学名三线闭壳龟。它通体呈橘红色，背甲的每块盾片上有或疏或密的同心环纹，像铜钱一样，因此被称作金钱龟。它主要分布于我国广东、广西、福建等地。

眼前这么多龟鳖哪只会以美胜出呢？

白化了的金钱龟，这是属于基因变异

这个见谁都递名片的人叫马武松，憨厚的外表流露出少许的精明。现在他是当地的名人，靠养龟而名扬十里八乡。但谁又知道儿时的马武松还是一个吃百家饭、穿百家衣的流浪汉。今天他带着自己养殖的3只龟前来参赛，希望获得好成绩。

说到马武松是怎么开始养龟的，这还真得说他和龟有点缘分。

三十多年前的一天，马武松开车去广州送货，路上刹车踏板突然怎么也踩不下去。

马武松：一个龟爬到我刹车的地方了。

马武松觉得这是一种征兆，或许是这只龟在向他传达某种信息。

当时广西有很多人贩卖野生动物，马武松就从农户手中收来各种龟，养在自己家里。换水、喂食，马武松每天都悉心照料它们。渐渐地，他喜欢上了这些可爱的龟，并熟悉了不同龟类的特点。他家的龟越养越多。不久，这些龟开始下蛋了！

马武松：“每年起码捡两三百个蛋。“

马武松根本不懂龟鳖繁殖技术，他将龟蛋埋土里、沙子里。很快其他一些龟都孵化出小苗来。但奇怪的是，金钱龟却迟迟没有孵化出来。马武松不太明白，为什么同样的条件却孵化不出金钱龟？

展示柜中的枯叶龟，又称玛塔玛塔

龟鳖大赛上展示的鳄龟

金钱龟被称作是龟鳖中的贵族，这跟它的繁殖难度有关。人工繁殖金钱龟，对湿度、温度、环境等要求很严格，当时很多科研机构都在尝试人工繁殖金钱龟，都没有成功。这对于没读过多少书的马武松来说难度更大，当时也没有成功的先例可供参考。然而不服输的他，不断尝试各种办法，反复试验。

一次次尝试，一次次失败，4 年时间一晃而过，当时所有人都觉得不可能人工孵化出金钱龟。

马武松：“后来在花盆里面繁殖了两只出来，应该说五六百个蛋才孵化出两只小龟。”

孵化成功率只有 0.3%，这个数字对于动物繁殖是极其残酷的结果。照这样下去，很快这一物种就会从地球上消失！

好不容易孵化出的小龟全是母的，这意味着人工繁殖金钱龟并没有成功。马武松认真检查每一个步骤，都没有差错。问题出在哪里呢？难道是龟蛋有问题？马武松再次陷入迷茫。

马武松手足无措，便想到去考察金钱龟的野外生长环境。大自然是最好的课堂，马武松在这里发现了金钱龟孵化的一些重要条件。

马武松：“孵化公龟的话有两个条件，一个是碱性，一个是气温。”

掌握孵化要领，马武松家诞生了第一批公龟，他刚刚松了一口气。然而天降横祸，千辛万苦繁殖出来的小龟开始大量死亡！

马武松：“当时养龟的经验很少，死亡率大概是 15%~20%。”

放在展示窗中的金钱龟

养殖猪、羊等哺乳动物，染上传染病是导致其死亡的一个重要原因，那么马武松养殖的金钱龟是不是患了传染病呢？

马武松：“龟是没有传染病的。”

既然龟鳖的免疫系统可以避免它轻易感染上传染病，那么是什么原因导致马武松养殖的金钱龟大量死亡呢？

马武松：“我在家里一平方米养 30 个龟，密度太大了，很容易污染，就导致一些龟死亡了。”

养龟并不是件轻松的事，消毒、喂料、随时观察等都需要倾注心血，但马武松喜欢做这些事，不仅因为养龟改善了他的生活，这么多年，龟已经成了他的朋友，成为他生活中不可缺少的一部分。

如今，马武松已经成为人工养殖龟鳖的专家。他运用科学养殖技术，大胆尝试天然养殖，建立露天养殖场，还原金钱龟的野生生存状态，并用蝗虫、蚯

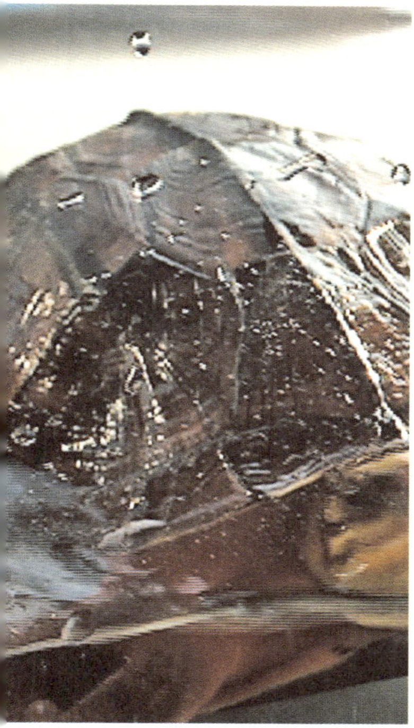

百色闭壳龟和三线闭壳龟比较，三线闭壳龟就是俗称的金钱龟

孵化箱中的金钱龟龟蛋

蚓等野生饲料喂养，以提高公龟产量。这吸引了不少游客和商家前来参观学习。

在龟鳖大赛的现场，专家和评委正在忙碌地进行最后评审，数百只龟鳖经过层层筛选，有六十多只终于进入了决赛。养殖户们远远地观望着赛场上的龟、鳖，内心或紧张或得意。他们养殖这些龟鳖已经十多年甚至几十年了，此刻更像是等待自己的孩子一样，参赛的龟鳖似乎也感受到了主人的期望，显得格外活跃，使劲向上爬，努力给评委留个好印象。“缩头乌龟”这下可一点也不放过上镜机会，在我们镜头前卖力地展示着。

野生的龟、鳖在险恶的自然环境中生存，饥饱不定，且常常会受到外来攻击，容易受伤。人工养殖的龟鳖，外观好看是一大特色。可是这个好看的标准如何界定呢？

钟会长：“地方标准就是对头部的颜色、背部的颜色、四肢和腹部的颜色提出具体的指标。”

等待了一整天，龟王、鳖王评比终于有结果了。盛大的颁奖仪式即将开始，整个会场锣鼓喧天，十分热闹。台下的养殖户已经按捺不住激动，急切地想知道结果。

本次评比大赛共诞生了12个龟王、鳖王，其中最引人注目的是极稀有品种

参赛选手抬头看着评委

百色闭壳龟。目前这种龟野生数量极少，在全国都不到200只。它的主人就是马武松！

百色闭壳龟属淡水龟科闭壳龟属的爬行动物，背部呈椭圆形半球状，中间脊棱隆起，背甲颜色为棕色；头部呈黄色，有一对镶黑边的橘黄色眶后纹，外形和金钱龟有些相似，它是我国特有品种，仅分布于广西百色山附近。

百色闭壳龟龟王体重2 250克，是参赛的3只百色闭壳龟中体重最重的，这也是目前国内人工养殖的百色闭壳龟中个体最大的。培养这只龟王马武松曾付出了怎样的辛劳？

马武松："就跟金钱龟一样，一起养。"

在我们采访中，马武松几次谈到"缘分"这两个字，从第一次一脚刹车踩着一只金钱龟险些要了他的命，到以后他靠金钱龟养殖改变了生活状态，马武松坚信龟是非常有灵性的动物。

喜欢养龟的马武松并没有歧视这只说不出名的龟，一直精心喂养它。一次偶然的机会，马武松从书中了解到这是百色闭壳龟，十分稀有的物种。当初觉得自己养了假金钱龟，不料却是赚到了。

二十多年的精心喂养使得百色闭壳龟龟王体重达到2 250克，但人工繁殖并不理想。

马武松："隔了两三年才生一窝蛋，繁殖力特别低。"

在首届龟王、鳖王大赛上，马武松养殖的百色闭壳龟如他所愿获得了龟王称号，成为全场最耀眼的龟明星。

马武松人工养殖龟鳖几十年，带动了当地很多老百姓走水产养殖之路，人们戏谑地称他为"龟公"。关于养龟马武松还有很多规划，他想为挽救野生动物多做些事。

（何雅琴）

神鹤迷踪

追寻飞鸟的踪迹是鸟类学家的任务，然而今天，鸟类学家面临一个更为困难的问题，那就是寻找传说中行踪诡秘的白头鹤。

白头鹤，身高大约130厘米，体重大约5.6千克。它们的脚是粉红色，颈部灰白相间，面部红色。现今这个物种已经濒临灭绝。野生数量在1万只左右，已列入世界濒危物种红皮书，是中国一类保护动物。

白头鹤生性胆小，生活在荒无人烟且危险重重的森林湿地当中，正因为人迹罕至，所以人类从认识白头鹤开始，直到140年之后才第一次发现它的巢穴。如果说找到白头鹤是一个巨大困难的话，进入森林湿地首先是一个危险的举动。然而这是一个紧迫的任务，因为白头鹤的数量极其有限，如果不能对白头鹤做出及时正确的研究，它们的生存将岌岌可危。

郭玉民博士是鸟类学家，他生命中最大的挑战就是找到白头鹤的巢穴，将神秘白头鹤的所有诡异行为大白于天下，并最终保护这个神奇的物种。然而，他能实现这个梦想吗？

白头鹤

当工作变得充满激情时，眼前看到的几乎都是灿烂的未来。郭玉民凭借自己多年的鸟类研究，他决心去找到这位在隐秘中伴随自己长大，但从未深交的老乡。他拿出了伴随自己无数次风餐露宿的装备。

郭玉民把目标锁定在中国最大的森林湿地，位于小兴安岭的大沾河。大沾河起源于高山密林中的无人区，全长200多千米，流入黑龙江，整个流域无人居住，是亚洲唯一未被污染的河流。早在2002年，郭玉民就在这里发现白头鹤的踪迹，由于这里荒无人烟，食物丰富，白头鹤在这里筑巢繁殖的可能性非常大。然而，这位鸟类学家做好了一切准备，唯独缺少的准备是他从来没有面临强大的熊、虎的经验，然而这次行动深入的不仅仅是白头鹤的栖息地，更是熊、虎出没的危险地带。

宽阔的森林湿地，寻找到白头鹤谈何容易，况且这次寻找的不仅是白头鹤的踪迹，更是它的巢穴。对于动物而言，它们的休息和生育，这些关乎生命和后代安全的行为都会在这里发生，因此巢穴往往建立在荒芜、隐蔽的地域。人类仅凭借自身的能力是极难发现的，就算是经验丰富的鸟类学家也不例外。

3个月过去了，郭玉民却在森林和湿地里一无所获，空旷的森林令人心情沮丧到极点。白头鹤在哪里呢?

就在这时候，当地人传来消息，说发现了一个白头鹤的巢穴。郭玉民在听到这个消息后，立刻前往那位老乡家里做进一步的了解。

根据老乡的介绍，郭玉民觉得与文献中记载的白头鹤卵非常相似。

郭玉民决定立刻前往发现鹤巢的地点。

仔细观察之后，郭玉民认为这就是白头鹤的卵，但当他把这个报告公布出去的时候，学术界仿佛被放入一颗炸弹，质疑声四起。

播放白头鹤的叫声

之前的研究发现，白头鹤繁殖的时候，一般都是一次生产两个卵，很少看到只有一个卵在巢里的现象。其次，如果有卵存在，成年白头鹤肯定就在巢穴里或者周围，但这次并没有发现成年白头鹤。这就是众人质疑他的一个重要原因。

郭玉民自己也承认，之前发现的证据是有瑕疵的。他经过研究后发现，一个卵的巢也可以是白头鹤的巢穴。

说服别人的重要前提是要有真正的发现和记

飞翔中的白头鹤

录。郭玉民在此后的研究中变得更加细致，他一定要找到白头鹤的巢穴，而且要用影像和声音记录下所看见的一切。但这一切他能做到吗？

从此以后，他的工作时间延长，工作强度成倍增加。

在接下来的3个月里，别说发现白头鹤巢穴，就是白头鹤的行踪也很难得到更进一步的观察。这时，已经是7月，他知道再过一个月，这些白头鹤将会离开中国东北，飞到更温暖的地方去度过寒冷的冬天。时间一点点过去，他看到候鸟成群飞走的时候，心急如焚。他知道在今年准备工作非常完备的情况下，研究却得不到进展。郭玉民自己也不知道，今年过后，是否还能得到必要的支持，深入这个人烟稀少的森林湿地寻找白头鹤。

留给他的时间已经非常少了，严格地说，只有一个月。

回想到之前当地人提供消息的情况，郭玉民认为当地的居民是一个必须依靠的宝贵资源，他们熟悉地形，了解情况，但唯一的情况就是他们对白头鹤也是知之甚少。他们对白头鹤外形是什么样，颜色是什么，巢穴什么形态，如何鉴别白头鹤卵和其他蛋的区别等重要知识一无所知。但郭玉民想到了一个办法，就是把白头鹤的知识简单明了地印刷出来，分发到当地人手上。

这种策略会使得郭玉民的力量成倍增长吗？毕竟时间所剩无几。

不仅如此，郭玉民还使用扩音设备来播放白头鹤的叫声，希望通过这些叫声来吸引白头鹤的出现。然而，这些巨大的声音如同晚上射入夜空的光线，一去不复返。

事情很快有了转机，当地人发现了白头鹤巢，那个地方距离郭玉民家有30千米，郭玉民决定立刻前往考证这个发现。

白头鹤被惊吓之后腾空而起，飞走了。郭玉民小心翼翼地接近那一窝巢，随着距离的接近，安静的环境变得凝固起来，郭玉民仿佛听到自己的心跳，在最后来到这个地方的时候，果然发现两枚白头鹤卵整齐地躺在巢中央。郭玉民压抑着激动的心情，慢慢地用手捧起这一双温暖的白头鹤卵时，热泪盈眶。这一刻，是多少鸟类学家梦寐以求的时刻。

趁着白头鹤离开巢穴的时候，郭玉民赶紧搭建帐篷。但当地人却无论如何都不让他一个人留守在这里。

这个关心也提醒了郭玉民，他也尽可能地做了一些防备，但在我们看来，这些防备的心理意义大于实际的用途。

就是一把刀伴随着他开始了帐篷内的生活。4 平方米的帐篷只够简单的活动，不管是酷暑还是下雨，他每天的工作就是蹲守在帐篷中，仔细地观察和记录白头鹤的一举一动。与人类相比，白头鹤的生活极其简单，太阳下山就开始睡觉。但白头鹤此时比郭玉民更小心，雌性白头鹤晚上睡觉的时候，雄性白头鹤却是在警觉地放哨。但郭玉民可没有这么幸运，如果他睡着时候，黑熊入侵，他将面临致命的威胁。

有趣的是，黑熊没有出现，却出现了一只乌鸦，乌鸦是白头鹤的天敌，它前来的目的是偷吃白头鹤的卵。此时白头鹤妈妈感觉到有点异常。

由于鹤妈妈的警觉和防御，乌鸦只能飞走了。

附近的保护区每隔 3 天会给郭玉民运送食物，他们把食物用塑料袋密封之后，趁着白头鹤外出的时候，成批地送给郭玉民。这些送来的食物由于没有保鲜措施，第二天就开始变质，然而这还不是最坏的事情。

食物可能会吸引熊来。

幸运的是，郭玉民并没碰到熊，但郭玉民却听到了一个恐怖的消息。

有人在 3 千米附近被熊杀害。

3 千米以外发生的事情说明，这里也是熊的活动范围，因为 3 千米的距离对于熊而言是轻易跨越的。郭玉民的营地和白头鹤的巢穴会遭遇附近的黑熊吗？问题是黑熊是随时在活动的，而郭玉民却不能离开这里一步，因为研究正进入关键时刻，他估计，小白头鹤在将来的几天内可能会破壳而出，他要见证这个历史的时刻。

然而，小白头鹤破壳的那天尚未到来，人们所担心的黑熊却如约而至。

令人不解的是这一大一小的黑熊在接近郭玉民所在地之前，突然拐弯奔向另外一个方向，渐渐地离开了郭玉民和老乡的视线。

这是一场虚惊。然而当郭玉民回到自己帐篷的时候发现命运却仿佛是在捉弄自己，眼前发现了一个更为使他难过的景象。他发现，湿地里的水在持续不断地上升，岸边的白头鹤巢面临被淹没的危险。雌性白头鹤看起来非常焦虑，这两个即将出生的小生命也许会因此而死亡。

在这种情况下，焦急的不仅仅是白头鹤妈妈，还有近在咫尺的郭玉民。因为郭玉民知道，如果巢穴坍塌，这个观察将会就此结束，两个珍贵的小生命也会因此丧生。但他不能出去帮助白头鹤妈妈，因为这样会对它形成惊扰。此刻的郭玉民心如刀绞，一种无力的感觉弥漫在帐篷里。

眼看着水慢慢上升，鹤妈妈焦急万分地不断加高巢穴，如果水依然持续升高，这个巢很快将会被冲走。

然而谁也没有料到水会突然停止上升，郭玉明终于松了一口气，眼前的这个鹤巢终于暂时安全了。他依然不放心，因为郭玉明始终担心鹤卵是否被水浸泡。于是，趁鹤妈妈外出觅食的机会，他步出自己的帐篷，轻轻地走向鹤巢。

把这两枚温暖的鹤卵捧在手心上的时候，郭玉明感到卵壳内的生命在蠕动。不仅如此，

白头鹤

工作人员

林区

卵壳中不断传来轻轻的震动告诉郭玉明，这两个小生命即将要来到这个世界。这个现象令郭玉明兴奋不已，但这个现象也提醒他，鹤妈妈肯定很快就会回来。如果被鹤妈妈发现自己惊扰它的巢穴，很难判断鹤妈妈将会做出什么过度的反应。这时候郭玉明知道，必须快速地离开这个地方。

回到自己的帐篷，郭玉明开始聚精会神地关注鹤巢内的一举一动。但是，天色很快就暗了下来。

这是一个不眠夜，郭玉明知道，那两个小白头鹤在今晚一定会破壳而出。一夜没有安睡的郭玉明，在天刚刚放亮的时候，发现鹤巢已经发生变化。因为鹤妈妈已经不像昨天那样忙乱，而是气定神闲地坐在窝里。

白头鹤幼鸟非常好动，对这个世界充满了好奇。然而，它们的父母却知道，这个世界并非孩子们眼中的那么美丽和平静。就在它们出生后的短时间内，鹤妈妈就开始训练小鹤的生存能力，因为鹤妈妈明白，在自然平静的表面下，生与死的考验始终环绕四周。

鹤爸爸担负起寻找食物和全家安全的责任，鹤妈妈则负责照顾小鹤的日常生活，它们每天不停地给小鹤捕捉昆虫、蚯蚓、蝌蚪作为食物。因为它们知道，第二天，另外一个小宝宝也将破壳而出，明天，将是一家四口团圆的时候。

这个先出生的小宝宝非常顽皮，不停地在鹤巢附近活动。尽管它顽皮，但这一切也都不会超出鹤妈妈的视线，因为现在是非常危险的时候，如果天敌出现，对于还不会逃命的小鹤来说将会是致命的威胁。

然而，危险还是降临了。天敌金雕突然出现，盘旋在鹤巢上空。这对白头鹤夫妇立刻腾空而起，向远处飞去。它们的宝宝瞬间被置于危险之中。观察到此，郭玉明暗暗为小鹤紧张起来，如果这个时候金雕俯冲下来，这只小鹤将会成为一顿美味的晚餐。

这只小鹤仿佛也知道了自己的命运，静静地等待厄运的降临。

但是意外出现了，金雕不但没有向小鹤发起进攻，而是尾随白头鹤夫妇而去。

经过郭玉明的观察，刚才的小鹤并非安静等待金雕的袭击，而是遵照父母的指令，匍匐在地上一动不动地假装死亡，加上它的颜色与鹤巢融为一体，这使它最终躲过了天敌的袭击。

这就是白头鹤，它们用智慧帮助自己躲过了致命的灾难。

郭玉明终于实现了自己的梦想，找到了传说中神秘的白头鹤巢穴，并且见证了小白头鹤出生和成长的全过程。

郭玉明对白头鹤不懈研究，使他最终获得英国惠特利奖，以表彰他对白头鹤研究的杰出贡献。郭玉明说，他从来没有把白头鹤当作一个研究对象来看待，因为他一年里的大部分时间都是在做野外调查，和白头鹤一起度过。白头鹤已经是他生活中的一部分。

（董浩珉）

野象大营救

2 月 18 日，农历新年刚过没多久，云南省西双版纳自然保护区的巡护人员，按照新年来的工作指令，一丝不苟地推进着对这片原始丛林的防护工作。

当他们巡逻至关坪附近，不远处山谷里忽然传来一阵阵骇人的动物吼叫声，继而是巨大的轰隆碰撞声。

长期的野外巡护，已经让他们可以较应急地处理各种突发情况。但这一次，当他们赶到现场时，眼前的景象，还是让他们震惊。

西双版纳自然保护区是中国为数不多的热带雨林，因为环境气候特殊，这里的动植物也比较特别。比如有一种植物叫望天树，树冠像一把大伞，可以长到七八十米的高度，是植物中的巨人。这里也有一种动物，它是陆地上最大的哺乳动物——野象。西双版纳是中国唯一能寻觅到野象踪迹的地方。那天，巡护人员听到的声音，正是野象打斗的声音。当巡护人员赶到声源地，除了凌乱的大象脚印、冲撞的牙痕、被毁坏的树枝，他们发现，现场还有一道犹如翻车现场的翻滚印迹，直下 80 多米的深谷。

顺着山谷往下，巡护人员发现一只倒地的成年公象

顺着山谷往下，巡护人员发现一只倒地的成年公象。疑似因打斗不慎摔落，口鼻流血，伤势不明。

警察："它倒在那沟边起不来，好像要死的样子。"

警察："它的脚一蹬一蹬的，蹬了一会儿就没有力气，停了一会儿又开始蹬。"

局长："按照我们平常的一些经验，淌出来的血是内伤的血，应该是肺里面的血，不是外伤或者其他地方的血。"

野象是国家一级保护动物，且不说伤情怎样，由于野象本身体积庞大，若长时间躺倒，也会因数吨重的身体压迫内脏而导致生命危险。在得到报告后，各部门配合的救援工作，随即展开。

发现野象的地点当地人叫冷水箐，救援人员距离此地的直线虽然只有 3 千米，可是它是有名的野象窝子。经常在此活动觅食的野象，有几十头。这对救援工作首先就是一种考验。

在很多人的印象中，大象温顺、憨厚，甚至有些行动笨拙。但那是从小被人驯养的家象、表演象。而此时，救援队员面对的是一群热带雨林里生长的成年野象。

当地水果摊经营者梁某，从住处去厕所的返回途中，遭遇成年野象的踩踏。头部左侧有大量血迹，胸腹部有明显的擦痕，嘴、鼻出血。经急救医生鉴定，已无任何生命体征，系肺部遭野象踩踏破裂，导致呼吸衰竭而死亡。

当地林业站职工陈某，在去村寨调研的林区小路上，遭遇成年野象突然袭击。待救援人

救援工作随即展开

野象刚刚经过

一只成年公象跌入 80 多米的深谷，口鼻流血，伤势不明

员赶到，陈某已停止呼吸。现场有大量血迹，其身上的衣服和鞋子已被野象撕裂抛弃，腹部肠子外露，四肢多处骨折，遗体已严重变形。

追踪野象

在当地，类似这样的悲剧发生，让人们对野象的破坏力和攻击性，有着比别人更深刻清醒的认识。

驯象师："如果它把鼻子一卷然后打你，如果被它打到了，飞出去七八米，那么你的生存机会还是有的。这时候你如果反应快可以起来赶紧跑，怕的是什么，它用鼻子把人卷过来，往牙上戳。"

如果遭遇象群，危险性会更大。

兽医："森林太大，如果你走在象群里面，根本就不知道这个象群哪头象在什么地方，而且还有个问题，象群一般活动在警卫之下，警卫象都是成年的公象。一旦误闯入警卫象认为的安全领域，它就会把危险信号传递给其他象，这时，你将面对的可能就是象群的包围和攻击。"

兽医："大象看起来很笨、很温柔，你看它吃东西、走路的样子很自在得意，实际上当它发起攻击的时候，跑起来的速度非常快，上下坡都没有问题。大象的后腿稍微短一点，很利于它上坡和下坡，而且大象整个脚的肉垫很厚，像海绵一样，它不轻易让人听出它的响声。"

三千米的山路，救援队员一路提心吊胆，就在大家为快要顺利到达事发现场松口气时，发现有人掉队了。

小熊："铁链太沉了，尤其保医生的脚受过伤，他行动不是很方便，我们两个人又抬着一根非常沉的铁链，就掉队了。"

掉队的正是兽医保明伟和驯象员小熊。铁链的作用是在必要时对野象进行麻醉救助，固定捆绑用的。此时，麻醉枪手已冲在前面，偌大的山谷，只剩下

伤情怎样，由于野象体积庞大，若
间躺倒，会因数吨重的身体压迫内
导致生命危险

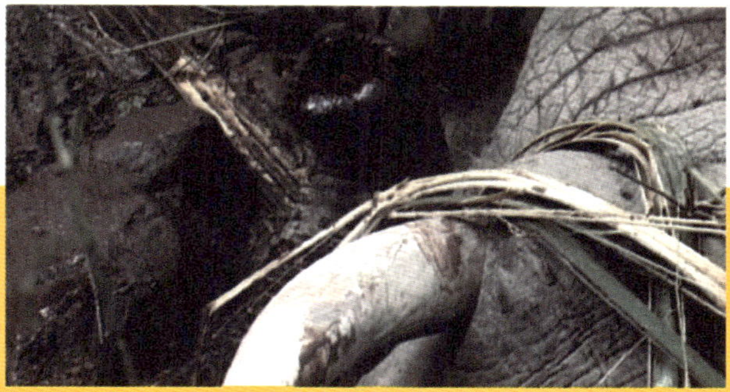

野象生命危在旦夕

他们俩。

在一个拐过弯的峡道，保明伟首先听到了头顶上方传来的动静。

兽医：“到这个位置的时候，我们就听到上面有竹子咔咔的响声。当时我们两个还以为是有人在上面砍树，以往我们在山上遇到这种情况时要止住脚步，观察是不是有异常。”

兽医：“然后我们两个就喊‘有人吗？’”

兽医：“这个时候连续听到两声后还在响，就是扒竹子的声音。”

小熊：“那个声音越来越近，我说，肯定是野象。”

兽医：“这时候我们两个就慌了起来，不敢再走。”

小熊腿脚灵便，迅速地冲到对面山坡的高处，往这边一看，果然，丛林里是一头野象在吃食！

兽医：“应该是头大母象，小熊叫我赶紧往回走……再看不是一头野象，而是一个象群。当时我们看到四头象在活动。”

两个人顿时吓得魂飞魄散，一口气往回跑。

这样的场景想起来真是会让人害怕。如果当时野象不是因为吃食发出声响，很有可能，他们就会误入象群，和象正面遭遇，那后果将是不堪设想。在保医生和小熊躲到了安全地带，等待象群走远的时候，前方指挥部的人已经全部抵达现场。简短的电话联系，为落下的两人的安全松了一口气。其实，真正的困难才刚刚开始。

许医生："当时野象处于半昏迷状态，从鼻腔、口腔流出泡沫状血液，全身不停地抽搐，当时我们的第一反应是它的伤势很严重。"

警察："当时的气氛很紧张，大家都很着急，一怕野象滚到沟里面死亡，二怕象群返回，给我们整个救护工作带来困难。"

当务之急，就是赶紧找出救助办法。虽然早已准备了麻醉枪、针管、输液等工具，但是原先设想的麻醉野象进行近距离诊断治疗的办法，首先被排除。

许医生："野象受伤严重，承受不了麻药，不小心会适得其反，可能会导致野象死亡。"

医生建议，采用保守治疗，通过刺激，让它自己试着站立，一来观察伤情，二来防止继续倒地压迫心肺。

局长："我们在用声音叫它、吼它，它自己动了起来。"

这个尝试，让众人兴奋不已。随即大家开始就地砍竹子，用它远远地触碰象的身体。

警察："当时我们看到它的时候，它的四肢使不上力，它想起却起不来，因为它的头在沟里面。"

野象喜欢群居生活

这时，有人提议，能不能采取给象牙套一根绳，给它点力量，把它拉起来。

事实证明，这招很管用。

局长："套住了以后拉住一个基点，然后十多个人朝这边拉，拉的同时还要叫它，刺激它。"

警察："它动一下人们扶它一下，把它的腿往上一拉，抬到有利的地形，使它的四肢能够蹬到地面，那么它就能够使上力了。”

这样人工扶助的方式，大约持续了 20 分钟。

又一次用力，象终于站起来了！

此时保医生和小熊也赶来了，望着现场的情况，保医生却忧心忡忡。

医生：“我感觉这头象不对劲，野象怎么会是这样呢。给我的感觉这头象真的不可思议，隐隐约约会看到它的象牙，它就在那里好好地待着，也没有攻击人的其他异常动作。按道理来讲这种处于发情期的成年公象在发火的时候，碗口粗的树都往往连根翻起来。”

事实上，这只野象，就是这样一动不动地站立着。这时，驯象师小熊越过人群，进一步走近野象。

小熊：“我们当时的想法就是去逗一下它，然后看一下它有没有明显的外伤，我们看到它的行动各方面都不是很灵敏，想进一步看一下究竟是怎么回事。”

小熊：“一般野象看到人之后都会有一些反应，我们用声音、语言来刺激它，结果反应非常小，它仍站在那里，一动不动的样子。”

这个时候，大象忽然稍微往前走了几步，但随即又停住了。

局长：“大象有一个习惯，一般在每天下午的 5 点到第二天早上的 7 点开始活动，如果我们的人不能尽快撤出来，中间回来的路上怕被大象堵住或者出现其他问题。所以到了 5 点钟以后，我们就把所有的人都撤了回来。”

第二天一早，巡护人员再次进入山林来到原来的位置，发现野象不见了。这是一件好事，也是一件坏事。它能够活动起来，与此同时，跟踪它的危险性也就增强了。

很快，经验丰富的巡护人员，在距离事发地 1 千米的地方找到了它。

警察：“野象一直往浅沟走。它已经没有力气，不能往上走，只能往下走，公安民警和管护人员一直都在跟踪它的活动状况。”

它越来越往下走，越来越靠近高速公路，越来越靠近人群居住的地方。

局长：“如果我们不采取措施，可能会带来两个危险，一个是象本身会有危险，另外一个就是对周围人的安全也会造成影响。”

这时，总指挥部决定，不能再拖，必须立刻对野象实行麻醉救助。通过一天的观察，专家认为野象应该能够承受短时间的麻醉。

警察："有两套方案，一是用麻醉枪，二是用吹管。首先还是采取麻醉枪实施麻醉，因为麻醉枪可以距离较远一点，而吹管必须要靠近10米以内或者5米的距离才有可能成功。所以我们首先是用麻醉枪进行注射。"

其实在当地，对于野象的救助，并不是第一次了。2005年的小象然然，2007年的母象平平，都因为外伤被麻醉救助过。但是这一次面对的是伤势不明的成年公象，而更重要的是，反复斟酌，待指挥部下达麻醉指令时，已经是夜里7点。

医生："当时接到通知我们心里就慌了，野象本来就属于夜行动物，晚上活动精神好，会走得更远，吃的东西更多，晚上它完全可以很清楚地看到我们在做什么。虽然在技术上没有问题，但人身安全却不能保证。"

不过时间已经不容许再耽搁。在野象附近，麻醉组开始配置麻药。麻醉大象的药剂由专人保管。药性非常强，一只成年三吨的公象，2.5毫升剂量足矣。而这个量，用在人身上，可以瞬间令两百人丧命。

一切准备好后，麻醉组人员开车向前方侦察野象位置，可开着开着，却不见野象的踪影。

医生："我们当时判断，受伤的野象不可能走得这么快。从发现它到装好药水也就经过一二十分钟的时间，野象带着伤不可能走这么快。然后我们又调头顺着山路一直往回走。"

结果在一片农家的茶叶地里，发现野象了！这个时候，他们距离野象大约30米距离，并且站在了一个比

虽然受伤，还是具有很强攻击性

赶象充满危险，差点冲上高速路

指挥部下达任务，如果条件允许，驯象员想办法把象诱赶出田间，伺机选择合适位置，装笼

较有利的高处。大家立刻下车向它靠近。

局长：“我们开始呼叫，然后讲话，用电筒光射它的头部和眼睛，它的鼻子好像想来攻击我们的样子，它的注意力就完全落在我们两个身上。”

一直待命寻找最佳时机的麻醉枪手，扣动了扳机。

野象麻醉捆绑的位置在田间，吊车没办法开进来，装象的铁笼也就没办法运进来，小熊等接到了赶象出去的任务。因为他是驯象员，而且此时大象的情绪也很稳定，表面上看，任务不难完成。可是这是一只从未和人亲近的成年公象，据人们目测大约 20 岁。之前人能接近它是因为麻醉药，而如今要按照人的意志，去左右它前进的方向，而且要动起来，野象脚下的铁链就必须松开。

小熊：“我们从早上开始，就用甘蔗来引诱它，后面两个驯象师拿着竹竿给它些刺激让它调头。”

小熊：“当时走的那条路恰好是那一天我们赶它出来的路，野象对这条路也比较熟悉，还算配合。”

野象的状态，让小熊他们一直悬着的心，稍稍得到放松。谁也没想到，此时，危机正在悄然袭来。

小熊：“当时我们来到一条小河边，还没找到吊车，我们当时就让它在河边洗澡。洗完澡之后差不多停留了一个半小时左右，我们开始让它从河里出来，又走了 40 米左右才开始准备装笼。”

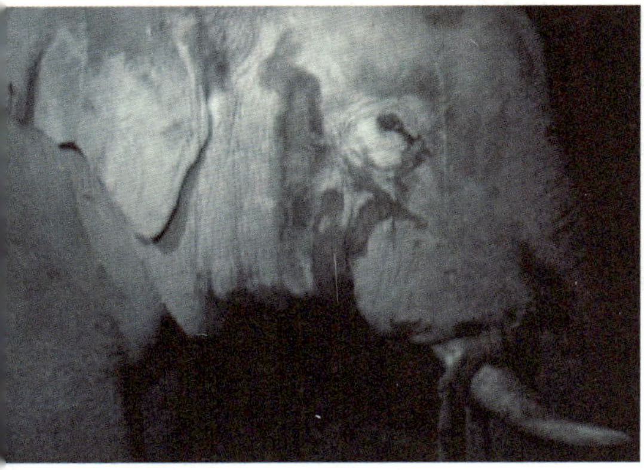

麻醉后渐渐苏醒

就在这个时候，一直表现温顺的大象，忽然发狂，从山路越过栅栏冲上了车来车往的高速路！

小熊："我们当时还另外叫了4名驯象师，包括我们原来的两名，一共是6名。6名驯象师在那里都没办法，刺激它也没有用，它根本不配合，一直往前冲。"

小熊："当时我们前面有一根铁链，后面还有一根铁链，上去之后就把后面的铁链固定在一棵树上，然后又等了10分钟左右，我们丢甘蔗给它吃，它的情绪开始稳定下来。"

警察："当时我们把公路的两边封闭，清开围观的人，它是野生大象，对人来说很危险。"

此时，吊车、铁笼已经到位，就在离象前方的40米处。小熊他们再次拿起竹竿，开始赶它返回原路。

小熊："当时它的脾气特别暴躁，并开始冲撞人群。当时野象前脚有铁链，后脚也有铁链，刚好那里还有很多树，然后它走几步之后我们先把它前脚的铁链固定在树上，然后再让它走，走一小段我们又把它后脚的铁链拿到另外一棵树上固定，固定的同时又要把它前脚的铁链拴到另一棵树上，然后又让它走一小段，就这样重复着，一直让它走到铁笼的旁边。"

小熊："我心里没底，之前出来的时候就我们两个人，然后来到那里之后我又叫了4名驯象师，我担心的就是装笼这个问题。因为我一直很担心装笼的问题，不知道它能不能进，愿不愿意进，也不能硬来。"

此时，前方的人紧紧地拉着象前端的铁链，并把铁链末端固定在远处一棵大树上，让它没有太多后退的余地。

小熊："它当时在那里站了半个小时左右，我们里面放了很多甘蔗，希望它能够吃着甘蔗自己乖乖地走进去，但是它没有。到了那里之后，刚好头要进了，我们都以为它可能要进笼，可是它最后做出一个反常举动，立刻退出来，退出来还去撞那个铁笼。”

天色渐渐昏暗下来，围观的人群越来越多。

小熊：“我就跟几名驯象师说，我们再努力一次，大家同时来刺激它，看它能不能进笼子。当我们刺激它的时候，刚好适得其反，我们越刺激它，它就越往边上走，铁笼又出来一大截。”

就在小熊高喊停的时候，大象做出了一个令所有人都意外的举动。

小熊：“它突然间把头一拐，本来它的头是在笼子的另外一侧，头一拐，两脚一次性跨了两米的距离去拿前面的甘蔗，等于它的身体已经进去了将近一半了，这个时候外面的人都非常兴奋。”

在前面的人猛拉，后面人的刺激下，大象终于进笼了！而谁也没想到，两三天的救助下来，最危险的情况竟在这时发生。

小熊：“后面因为是一个钢管，像门闩那样子塞进去，并不是一道门这样关过来，因为那样的门是根本经受不了大象来推的。本来门闩是很好放进去的，轻轻一推就进去了。它还没有进笼子之前，一直不停地来回顶撞，把门闩弄得变了形，变形了之后，当时要进去进不去了，只能用大锤一根一根地来敲。敲的同时受到惊吓的野象又往后退或者用脚来踢那个钢管和门闩。”

此时，虽然已经封锁了高速路，拉起了警戒线，但是，仅在现场协助救援的就有几十号人。前方的人紧紧地抓着铁链，后方的人不停地敲打门锁。如果这只已经动怒的公象一旦挣脱，后果不堪设想。

小熊：“当时，我们根本顾不上危险这两个字是怎么写的，心里就是想让它进笼，一定要进笼，我们一定要顶在那儿，因为一旦退后一次之后，大象就会发起第二次进攻，因为它知道你怕它，它就会不停地向你发起攻击。”

这一次，野象终于被制服了。

西双版纳是亚洲象种源繁育基地。当晚野象就被运往那里，开始了系统的、分阶段的治疗。考虑到它的伤情和麻醉的不良反应，近距离麻醉输液治疗的方式被暂时延缓。

美丽野象谷，人象和谐生活

之后，专家们还是采用保守治疗的方式，给它的皮肤消炎，把活血化瘀的药片偷偷塞进它吃的食物里，然后再投送。

对于处于发情期的野象，眼睛下方的位置会分泌液体，脾气也会变得暴躁。不过，对于和它建立起信任感，专家们和驯养员都充满信心。

（陈子隽）

白蝶贝里种珍珠

1995 年，张士忠从江苏来到了海南三亚，做起了珍珠销售生意。随着海南三亚旅游的开发和发展，来这里休闲度假的人越来越多，用珍珠制作的各类旅游商品，也受到了游客们的欢迎。

张士忠：“2005 年的时候，海南旅游市场从观光型向度假型转变，我们也做出了一个转变，从旅游市场向零售市场转变。”

习惯上人们把珍珠分为海水珠、淡水珠、人造珠三类，珍珠具有瑰丽的色彩和高雅的气质，象征着健康、纯洁、富有和幸福，自古以来为人们所喜爱。我国是最早使用珍珠的国家之一，早在四千多年前的《尚书·禹贡》中，就有河蚌能产珠的记载。

张士忠：“中国虽然是珍珠大国，但主要产淡水珍珠，淡水珍珠数量很大，但是它的价值在国际市场中，同黑珍珠、白珍珠和南洋珍珠相比，还有一定的差距。”

虽然张士忠的珍珠销售生意越来越好，但是在旅游淡季，珍珠的销售也会受到很大影响，他开始想能不能养殖经济价值高些的海水珍珠呢?

张士忠：“海水养殖珍珠有三种，有马氏贝、黑蝶贝和白蝶贝。”

我国东起雷州半岛，南至海南岛北部，西至防城地区与越南边界的广大水域，所产的海水珍珠，被称为南珠。俗话说，东珠不如西珠，西珠不如南

各种海藻

培养海藻

珠。既然海南也有养殖高档珍珠的条件，在2005年，张士忠便考虑从过去的旅游商品，向珍珠首饰，特别是高档的珍珠首饰发展。

张士忠："根据这样一个目标，我们对珍珠的要求不再是过去普通的珍珠，而是转向高品质的、大颗粒的黑珍珠和南洋珍珠，这两类珍珠在过去主要是产自境外，价格相对来说比较高，后来我们想，自己能不能养？"

张士忠想养殖的白蝶贝又称大珠母贝，是国家二级重点保护水生野生动物，它属热带、亚热带海洋的双壳贝类。白蝶贝养殖出来的珍珠，有金色、银白色和黄色三种，颗粒大、珠层厚、光泽好，被称为南珠中的"皇冠上的明珠"。

张士忠："通过广泛的调查研究，我们发现在三亚，有白蝶贝的天然资源。"

就世界范围来说，白蝶贝分布在澳大利亚、菲律宾、泰国等少数国家的沿海地区。白蝶贝在我国南海，尤其海南岛沿海资源较丰富，但由于白碟贝对水质环境要求比较高，加上近年来，人们为获取珍珠私自盗采，数量变得越来越少。

张士忠："很多人都想养殖白蝶贝，但是白蝶贝对养殖技术要求比较高。另外，养殖的时间也很长，风险比较大，所以各方面投入也很大，一般人都不愿意去冒这个风险。"

通过前期的了解和调查，张士忠觉得，虽然养殖白蝶贝的风险很大，但是人工培育养殖成功白碟贝，不仅能带来巨大的经济效益，而且还能丰富海南白碟贝种群。他的想法得到了中国水产科学院南海水产研究所珍珠养殖专家曹家录的支持，可是他们找了好多地方，都没有发现白蝶贝的踪影，难道在海南已经没有野生白蝶贝了？

曹家录（南海水产研究所专家）："正好我们有一个员工，他是梅山人，他说曾经有人在这边抓到过白蝶贝，我们马上请渔民到海里去捞，果然捞到了。"

终于在海南省三亚市西南部梅联村的梅山海域，发现了野生白蝶贝。种贝找到了，大家都非常高兴，可是从来没有人工培育白蝶贝的经验，怎样才能培育出更多的贝苗，来养殖孕育珍珠呢？

白蝶贝是一种体外受精的动物，是在水里完成精卵结合的，三四个小时就可以完成。好的受精卵浮起来，不好的就沉底，把上面好的捞上来，就是所谓的贝苗。找到了贝苗，也就找到了白蝶贝的来源。

刚出生的小白蝶贝，特别弱小，只有很近的距离，才能在贝苗附着器上看见一些透明的小点点。成年的白碟贝在海里通过腮过滤出海水中的藻类，作为食物，这些刚出生的小家伙，该给它们吃些什么呢？

曹家录："开始我们就用个体比较小的球藻来喂它，结果效果不明显。球藻的个体虽然很小，但是它的细胞壁比较厚，不容易消化。虽然能够孵苗，但是数量很少。"

曹教授找来各种藻类，做实验比较，他发现金藻不但跟球藻一样，个体比较小，在水里游动的不快，方便弱小的白蝶贝食用，而且比球藻更有营养，也更容易消化。

有了金藻，小白碟贝生长得很快，一天天长大的小白蝶贝需要更多金藻，怎样才能培育出更多金藻作为饵料喂养小白碟贝呢？曹教授将海水煮沸冷却后，倒入高温消毒后的小烧瓶中，然后放入一些金藻，加入氮、磷、钾等营养，通过几天培养，他惊喜地发现，小烧瓶子里的水，由于金藻增多变得更绿了。

饲养小白蝶贝

随着小烧瓶换玻璃瓶，玻璃瓶换大桶，金藻的数量也越来越多。按理说有了充足食物，小白碟贝应该长得更快，可是大家发现，小白蝶贝停止了生长，原来 7 个池子的幼苗，一下子有 4 个池子的幼苗死掉了。

喂养小白蝶贝

曹家录："大家都感到没有什么希望了，也失去信心，后来我通过进一步观察，发现有过剩的饵料。根据我的经验，白蝶贝可能得了肠胃病。"

原来金藻十分娇气，不但要及时搅动，不让它们因缺氧死亡，而且还要注意，不要让小飞虫进入，如果一不小心，将这些变质金藻倒入育苗池，很容易造成贝苗的死亡。

曹家录："我买了一些抗生素来给它消炎，两三天就恢复过来了。"

这次的教训，让曹教授对饵料的培育和养殖池的环境有了更严格的把关。两个月过去了，小白蝶贝已经长到2毫米左右，经过多次的考察和水质鉴定，张士忠和曹教授决定，把白碟贝养殖基地设立在海南三亚的梅山，虽然这里的风浪大一些，但是这里是发现野生白碟贝的地方，海底的情况和水中的浮游生物，都应该很适合白蝶贝的生长。

在大海里白蝶贝要靠自己，去摄取海中的食物成长，一般要一年半以后，才能开始培育珍珠。

每隔三五天，工人们就要把贝笼拿出来看看，清理清理，让白蝶贝健康地成长，时间很快过去了，这些白蝶贝到了可以插核、孕育珍珠的时候了。珍珠是一种古老的有机宝石，产在珍珠贝类和珠母贝类软体动物体内，由于内分泌作用，而生成了含碳酸钙的矿物珠粒。

邢孔武："按照珍珠形成原理，一般数量比较少，第二个就是它形成的形状不匀，但如果通过人工养殖，就可以长得快一些，形状也比较好。"

插核一般选择在冬季，这时气温比较低，可以减少插核后伤口感染，可以插核的白碟贝，最少要养殖一年半，大小达到12厘米以上，选择没有什么病虫害、健康的贝来插核。天然形成的有核珍珠，一般是沙子之类的异物进入了贝壳，那人工培育珍珠的珍珠核应该选择什么材料呢？

邢孔武："刚开始我们尝试了好多珍珠核的材料，比如玻璃和一些珍珠材料，都尝试过，但是因为这些材料

种珠

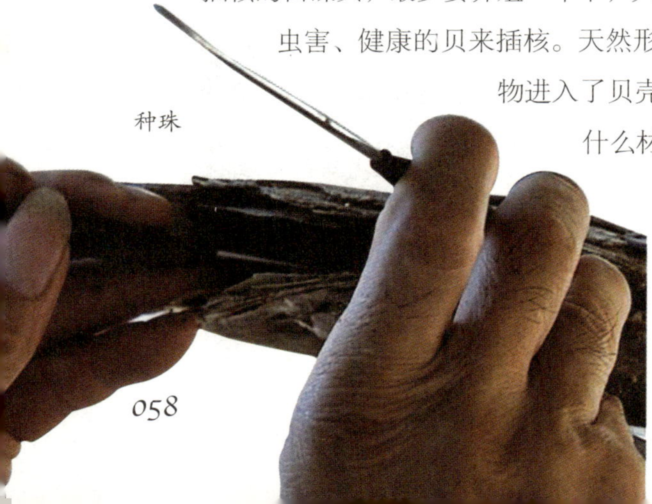

取珠前的准备

挑选

取珠

的密度同珍珠贝贝壳的密度不一样，所以这种就不大适合。现在我们选用的都是淡水河蚌的贝壳来当珍珠核，它的核密度跟白蝶贝和海水珍珠贝的贝壳密度几乎是一样，这样就比较好一些。

在插核前几天，要让白蝶贝少吃一些，在插核时白蝶贝的肌肉收缩的力量就不会太大，插核后不容易把珠核吐出来。插核前半小时，要把白蝶贝从暂养池里捞出来，这样它就会慢慢张口，用木条将张口固定，这样才能方便插核操作。插核时，邢师傅小心翼翼地用送核器送入一个珠核，紧接着又送入一个小片，这又是为什么呢？

邢孔武："如果只是插个核，就不能形成珍珠，如果插个小片进去，这个小片自己也可以形成珍珠，但是这个珍珠形状不是圆的。人工插核一遍要插好，再配小片，这样的话，长出来的珍珠，个头比较大，形状也比较圆。"

这些细胞小片是取自白蝶贝的外套膜，外套膜就是分泌珍珠质的，在外套膜附近的贝壳上，才附有珍珠质。进行插核操作，时间不能太长，否则贝壳容

筛检珍珠

易死亡，但贝壳的开口很小，没有办法看清贝壳里的全部情况，所以插核时基本靠插核工的经验，来做出迅速的判断。

邢孔武：“切口不能太大，能够把这个核送进去就行。如果开太大了，切口就不容易愈合，还容易感染。”

插完核的白蝶贝，被放回暂养池休养一天，第二天工人们就把插过核的白碟贝，用网兜装起来，一个一个地放进层笼里，放回大海养殖，每隔两三天，工人们要检查一下，取出吐珠的白碟贝，翻动层笼，让珍珠质能均匀覆盖在珠核上。最后将插核成功的白蝶贝分别放入层笼养殖。夏季到了，大家终于迎来了收获的季节。

张士忠：“几年前，看到我们自己养的第一批珍珠，相对来说，还不是最大的珍珠，但看到了自己养的珍珠，还是非常欣喜。”

白蝶贝的个体比较大，一生可以插三次核，通过这些年插核育珠的经验，张士忠他们发现，第一次插核，珠核比较小，产出的珍珠也不会很大，在取珠的同时，可以进行第二次插核，这时候珠核就可以更大一些。

经过多年的努力，养殖白碟贝为张士忠带来了经济效益，他的白蝶贝养殖基地承担了更多研究开发和保护白蝶贝的工作。自 2008 年，他们先后将 40 多万只白蝶贝幼苗放回白蝶贝自然保护区，大大丰富了南海海洋生态资源。

（张英华）

白莲重生记

在我国南方，每年的五六月份，是荷花出蕾的季节，随着荷花的绽放，这种别样的荷塘景致，可以持续到9月下旬。可在江西省广昌县，刚刚绽放的荷花，却纷纷凋零，荷叶枯萎，昔日繁花似锦的荷塘景色荡然无存，满园萧瑟。那么，这昙花一现似的反常现象，究竟是什么原因造成的呢？是“谁”让这片娇艳的荷花，惨遭涂炭的呢？

据《广昌县志》记载，早在1 300年前，这里就有种白莲的记载。它以清香、味甘、营养丰富、易烂肉绵，具有一定的药用价值而闻名中外。新中国成立后，政府大力扶持白莲产业，广昌白莲曾经被列为国家派购商品、国家二类商品，实行奖售换购的收购政策。改革开放后，家庭承包责任制和种植业结构的调整促使广昌发展白莲生产的热情更加高涨。

刘忠贵（青铜村村民）：“总的来说，就是因为白莲的价钱比较高。”

谢克强（广昌县白莲研究所所长）：“种一亩白莲的收入是种一亩水稻效益的三到四倍。”

除此之外，莲田还可以养鱼，待莲子采摘后，再种一季晚稻，使一亩莲田充分发挥了种养兼收的多重效益。另外，莲田又具有极大的观赏性，昔日名不见经传的小村，每到荷花盛开的时节，大批游客从全国各地纷至沓来，进一步拉动了当地的经济。

莲花

谢克强：“20世纪80年代中后期，我乡下的姑姑家里，一年种十几亩莲子，种一两年的白莲，收入就能盖一栋房子，种一年的白莲，就可以娶一个媳妇回来。”

随着白莲产业进一步纵向深入发展，莲株的各个部位，也都成了有用之才，有的甚至超过了莲子本身的价值。

刘忠贵：“白莲种出来以后，把白莲的心取出来就可以卖了。莲心最高卖到了 39 元一斤，白莲的价格在 28 元至 30 元左右。莲壳也可以入药，最后莲藕可以食用。”

在这种形式的带动下，广昌白莲的种植面积从 3 千多亩迅速扩大到 8 万亩，莲田也从水流通畅的上好田地，发展到山排田，或只要有水源的田地，大片莲田交织在了一起，原本白莲、水稻轮作的田块，也不再种水稻了。

莲子

刘忠贵：“种了莲子就不种水稻了，因为我今年收了莲，明年可以挖莲种，一亩地的莲种可以卖到 1 500 到 2 000 元钱。”

由于莲种的紧俏，许多莲田不再种植水稻了，这样不仅为病虫越冬，滋生繁殖，提供了有利条件，也为白莲日后的生存埋下了隐患，问题就接踵而至了。从 1991 年开始，这个土生土长有着 1 300 多年历史的品种，开始出现严重的水土不服，白莲枯萎的现象终于在全县爆发，发病率从过去的不到 10％猛增到 40％以上。这一灾情立即引起当地有关部门的高度重视，迅速组织人员，对莲田及周边的环境展开了调查。据村民介绍，5 月下旬，在一些水流不畅的莲田里，有几株刚出水面的立叶，还没等长大，叶边就开始下垂枯萎。当时人们并没有

在意，以前也发生过这种情况。可是几天后，整块莲田里的其他莲叶也开始萎蔫枯黄，并向其他莲田蔓延。这时人们才意识到事态的严重性。为了防止灾情的进一步加重，县里迅速调集大批农药，一边对受灾莲田进行救治，一边对其他莲田进行防御，但这一系列措施仍然未能奏效，灾情进一步加剧，受灾面积不断扩大。

谢克强："因为莲田的荷叶表面有一层纳米结构的蜡子层，所以农药喷上去，吸收效果非常差，而且莲田是水生环境，一旦发病，它的用药量和用药难度，要难很多。"

白莲，睡莲科莲属，多年水生草本植物，从栽培到成熟结果，都离不开水。那么，这种大面积的灾情，会不会与水质变化有关呢？难道说莲田的水被污染了吗？于是，广昌县白莲研究所的工作人员，将各种水田里的水取来进行对比检验，并没有发现异常现象。那么问题到底出在哪里呢？就在人们眼看着灾情一步步恶化，而又无计可施时，科研人员将泥土中的根茎挖了出来。从表面上看，这些根茎与普通的根茎没有什么区别，色泽鲜亮圆润饱满，可是将这些根茎切开后，人们不由得倒吸了一口凉气，白莲的根茎内部，已经腐烂变质，是什么原因导致这些根茎腐烂？为什么腐烂发

莲蓬

莲藕

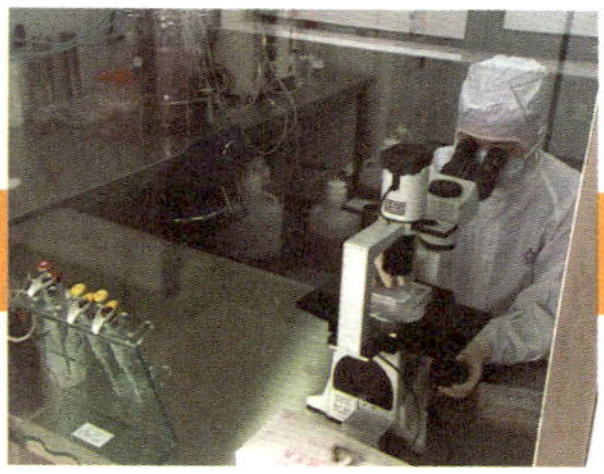

科技人员分析莲藕腐烂的原因

生在根茎内部，而表面看上去，还那么完好？这种腐烂是否就是造成白莲枯萎的真正原因呢？怎样才能控制住灾情的蔓延？为了搞清这些问题，有关人员迅速将这些根茎送到了江西农业大学。经检测白莲枯萎死亡确实是根茎腐烂导致的，而导致根茎腐烂的罪魁祸首是一种叫尖孢镰刀菌引发的。白莲腐败病属土壤传播的一种疾病，目前世界上还没有防治白莲腐败病的有效办法。

腐烂的莲藕

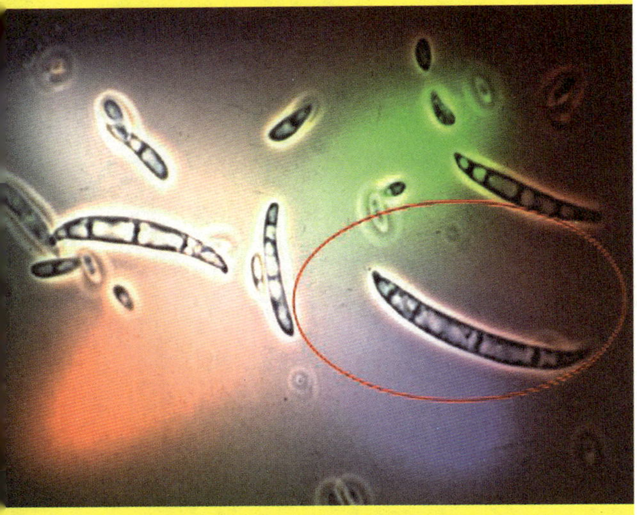

尖孢镰刀菌

谢克强："白莲腐败病，被称为白莲中的癌症，它和棉花枯萎病是同一个种的不同生理小种。目前界定它算是一种世界难题，全世界有很多科学家已经研究了一两百年，但仍然没有找到非常有效的防治办法。更何况莲田发生白莲腐败病，它的发病部位和土壤条件比棉花枯萎病还要难上加难。"

看着莲田里的莲叶一天天一片片枯萎死亡，束手无策的人们，心急如焚。盱江镇下栏村村民谢福龙最近几年才开始种莲，可刚刚尝到甜头，就遇到这场灾害。

谢福龙（广昌县盱江镇下栏村村民）："这几年，我们每年把通心白莲卖掉，都可以赚到三四万块钱。白莲得病的时候，我们觉得这一年又泡汤了，没有收入了。现在看到这个病虫，心里就很难受。"

而青铜村村民刘忠贵则和白莲打了一辈子交道，这场灾害也让他家蒙受了极大的经济损失。

刘忠贵：“1986 年，我家种了两亩白莲，到了 1991 年种植面积有四五亩。那个时候，好多人跑到外面去打工，就把他们的田包过来了，就这样，种植面积慢慢加大。白莲发病的时候，四亩多的白莲有两亩多废掉了。”

谢克强：“随着白莲腐败病大规模爆发，莲农的损失非常大，家庭收入的减少，出现了重新返贫的现象。”

目前全世界还没有防治白莲腐败病的有效方法。不治理，莲农们的收入如何保证？这 8 万亩的土地出路又在何方？减少种植面积，恢复白莲和水稻的轮作方式，固然可以减少白莲腐败病的发病机会，但这并不能从根本上杜绝白莲腐败病的发生。怎样才能找到一个切实有效的防治白莲腐败病的途径呢？这时，广昌县白莲研究所的科研人员提出了一个想法。

谢克强：“在报纸上看到，美国利用航天飞机搭载西红柿的种子，我们看到这个消息以后，很振奋，我们想既然西红柿通过航天搭载能够有效地培育好的品种，难道白莲不可以通过航天搭载培育好的品种吗？”

这个想法一提出，立刻遭到许多人质疑。出乎意料的是，县里不仅采纳了这个建议，并且迅速通过有关科研部门，落实了种子的搭载事宜，这让科研所的人员很兴奋，但在接下来的工作中，他们又犯难了。

谢克强：“莲子的种子算是比较大的种子，送少了，有一个诱变率的问题，送多了，有一个成本的问题。”

经过反复测算，他们从现有的种子中精挑细选了 13 个品种，442 粒白莲种子，于 1994 年搭载上了 940703 号返回式卫星。在深邃的太空中，除了真空、失重、弱地磁外，并非风平浪静，没有了大气层的阻隔，宇宙粒子迎面袭来，而真空和失重又使种子的内部极度膨胀，暴露更加充分。有人认为，当种子遗传基因被飞来的宇宙粒子击中，DNA 链条就会发生断裂，在修复过程中，一旦发生错位，它的遗传特性就会发生改变。俗话说种瓜得瓜，种豆得豆，一旦遗传基因发生了改变，长出的植物就会随之改变。那么，这些遨游太空的白莲种子，能

经过太空育种的莲花

否向人们预想的方向发展呢？

种子返回后，广昌县白莲研究所迅速将这批种子全部种了下去，5 天过去了，10 天过去了，还没到发芽的时候，几株小苗已经耐不住寂寞破土而出了，这让在试验室里等候多日的人们欣喜若狂，然而在接下来的日子里，科研人员的心又悬了起来。发芽的时间到了还有一部分种子没有出来，这让人们有种不祥的预感。它们到底能不能重见天日呢？

谢克强："发芽率只有 67.4%，也就是说，442 粒种子，当时只有 298 粒种子发了芽，其他的都死掉了，这和我们以前做杂交育种的试验，相差非常大。"

刘录祥（中国农业科学院太空育种研究中心主任）："空间环境对生物来说是一种逆境，宇宙粒子击中种子，或者是辐照了种子以后，一些生理、基因、遗传等都会发生改变，这些现象在突变的过程里面存在。"

然而，就是这剩下的 298 粒发芽种苗，其成长过程也并非一帆风顺。

谢克强："298 粒发芽的种子，我们马上就移栽，一粒种子一个瓦缸，最后成苗的只有 173 株，对这 173 株成苗，再进行精心培育，最后能够开花结果的只有 131 株。"

但更残酷的现实是这 131 株存活下来，并能开花结果的种苗，也并不是人们所期待的那样，它们中绝大多数结出的莲子，还不如从前。

刘录祥："我们经过空间搭载某一个品种，生长非常旺盛，整体表现非常好，我们就认为这个现象可以在第二代能够传递，实际上，这种现象都是生理学效应。"

然而，在这 131 株结果的种苗中，只有 14 株性状突出。经过科研人员几年的精心培育，终于凸显出其强大的生命活力。

谢克强：“现在广昌白莲腐败病的发病率，基本上控制在 5% 以下，而且发病的田块也不像以前成片成片地死亡。”

太空莲不仅抗病能力大幅提高，开花量也从每亩 3 500 朵左右，增加到 6 000 朵以上，结果率从 65% 增加到 90% 以上，莲子变多变大了。现如今，耀眼夺目的白莲，在这块古老的土地上再一次焕发了青春和活力。

（高山）

斑马妈妈的怪宝宝

斑马原本是生活在非洲的野生食草动物，现在它们的足迹已经扩大到全球各地，很多动物园里都有斑马美丽的身影。厦门野生动物园也引进了漂亮的斑马，受到了游人们的喜爱，可那年夏天，一件奇怪的事情引起了饲养员的注意。

王晓兰（厦门海沧野生动物园工作人员）：“在今年 2 月的时候，我们突然发现斑马的肚子一天比一天大了，当时考虑到是不是因为它胖了，后来看着不像。经过兽医的观察发现它怀孕了。”

斑马要生小宝宝，本来是一件令人高兴的事，可是斑马怀孕的消息却让动物园的工作人员百思不得其解，因为斑马怀孕这事着实有些蹊跷。

王晓兰：“当时我们园内只有这一匹斑马，它的伴儿在一年前就已经去世了，不可能留下后代。”

原来，动物园原本有两头斑马，去年，雄斑马死了，剩下了这头孤零零的雌性斑马。斑马的孕期一般为 12 个月左右，根据时间推算，这头斑马不可能在另一头斑马死去之前怀孕。如今只有一头雌斑马，它怎么可能怀孕呢？母斑马肚子里怀的小宝宝，究竟是谁的骨血呢？

失去配偶的雌斑马

王晓兰：“对于它父亲是谁，大家都在猜测，但是我们当时考虑到最有可能的是矮马，因为我们园内生活着十几匹矮马，其中有两匹成年的公矮马。”

这头雌斑马肚子里的孩子，究竟是谁的呢？饲养员们开始认真观察起来。在这个动物园里，这头雌斑马居住在一片半开放的散养区。

在这片散养区内，散放着矮马、梅花鹿、马鹿、山羊、鸵鸟、鸸鹋等食草动物，还有几头毛驴，加上这头斑马，它们在园子里无忧无虑地生活，每天有饲养员定时喂草，还有一个小小的水池，可以喝水游泳。根据饲养员观察，斑马平时确实喜欢和那些矮马一起玩耍，难道斑马妈妈真的怀上了矮马的孩子吗？这个孩子会长成什么样呢？谜底就要揭开了，7 月的一个傍晚，斑马妈妈出现了临产征兆。

卢汉峰（厦门海沧野生动物园工作人员）：“白天，我们为了保证斑马能安全分娩，把园里的矮马全部都关起来。直到凌晨 4 点钟左右，斑马破水了，当时我们又好奇又期待，不知道会生出什么动物出来。”

天色渐晚，斑马妈妈不停地在园子里奔跑，不让饲养员靠近，原本生活在非洲大草原上的斑马，生性谨慎警觉，虽然在动物园生活时间长了，白天并不怕人们接近，但是一到夜晚，几乎没人能靠近它。饲养员只好远远地跟着，经过一整晚的折腾，斑马妈妈筋疲力尽，终于在凌晨时分，在饲养员的帮助下，斑马妈妈产下了一个小马驹。

斑马究竟生下了一个什么样的小宝宝呢？在自然界繁殖的小马驹，刚生下来不久，就可以站起来行走，长到三四岁以后，具有繁殖能力，寿命约为 20 年。如今斑马妈妈生下的这头混血小马驹，也是很快站了起来，看上去它身上的斑纹不太明显，只有四肢和肩胛骨有点黑白条纹，这与正宗的小斑马差别太大了。

散养区里的其他动物

散养区宁静的水塘旁梅花鹿在休息

王晓兰："它的四肢特征比较明显，褐色的条纹，有点像斑马。但小马驹的身上由于胎毛还没蜕掉，跟母斑马有些差别，蜕掉之后可能会像母斑马一样有条纹。"

虽然有点像妈妈，但是更多的特征，却让人失望。这个小生命细长的四肢，瘦高的身材，与斑马的体形还是有些差别，它大大的耳朵和棕褐色的绒毛，让人第一眼看上去就想到了另一种动物——毛驴。

王晓兰："体型长得比较像斑马，但是它的整个颜面部，长得还是像毛驴。"

饲养员们惊奇地发现，斑马妈妈生下的怪宝宝，一点都不像矮马，倒像极了毛驴。怎么会长得像驴呢，难道它的父亲，竟然是毛驴？毛驴也能和斑马杂交，居然还成功地产下了小马驹吗？

邱春荣（厦门市动物保护协会秘书长）："斑马跟驴是亲缘关系，属于比较近的两个物种，也是同科物种。我们国家野外没有斑马分布，是从国外引进的，但是它们的亲缘关系还是比较近。"

虽然斑马和驴都同属马科动物，但是它们属于不同种群的动物，从遗传学角度看，不同种的动物几乎没有繁衍后代的可能。然而生活中有一个最典型的

斑马妈妈产下的怪宝宝

例子，那就是马和驴生下骡子，这种现象又是怎么回事呢？

邱春荣：“因为马跟驴是比较亲近的两个物种，如果经常把它们养在一起的话，在自然过程中，就有杂交的可能，现在出现的这个骡子，主要还是自然的杂交行为。”

经过人类长期的驯化，在人为制造的混养环境下，马和驴这两种亲缘关系较近的物种，杂交之后繁衍出了下一代——骡子，因为它耐力好，亲近人，所以人们把骡子作为干活的主要家畜来使用。

邱春荣：“骡子比较容易接近人，干起活来也比较卖力，所以在自然杂交以后，人们发现了这个优点，开始人为地促使马和驴杂交，满足人的需求。”

在动物园草食散养区里，经常能看到毛驴追求矮马的画面，这头毛驴一直千依百顺地跟随着矮马，甚至“打不还手，骂不还口”，但这匹矮马却并不喜欢毛驴，一直想把毛驴踢走。现在，斑马也和矮马、驴在一起生活了，也许，这头孤独的斑马，就和它们之中的一位产生了感情，那么这斑马妈妈的对象，到底是不是毛驴呢？

王义权（厦门大学生命科学学院教授）：“杂交是人类传统的育种方式之一，动植物育种，很多都通过杂交。但一般的杂交，都限制在同种类的杂交，同种类，不同品系，或者是不同种群之间的。那么，同种类的杂交，它的后代都能够繁育，还能够繁殖。

怪宝宝身上的黑白肢和肩胛有条纹

虽然有点像妈妈，但是和妈妈的区别还是很大的

但马和驴子这种方式的杂交，由于它们是不同种间的杂交，它们的后代是不可育的。”

不同种群的动物之间进行杂交生产的后代不能继续繁育形成新物种。遗传学的规律在马和驴这里仍然没有特例。这是大自然的规律，也是科学家不断研究的课题，这种现象被叫作种间杂交的生殖隔离。

怪宝宝为什么长的会像驴

王义权：“为什么种间杂交非常困难呢？在自然情况下，不会出现种间杂交，是因为种间杂交很多途径在后代的发育过程中就会被阻断。首先，杂交了以后不能受精，要么受精卵的胚胎发展到一段时期，它会自然流产，即使可以产生幼崽出来，幼崽不健康，也会很容易死掉。”

虽然在人工干涉的情况下，现在斑马和驴以及矮马都生活在一个环境里，它们也自然地杂交成功，并且斑马产下了健康幼仔，但是今后，这个混血的雄性小马驹能不能健康地长大，继续繁育后代呢？虽然大家一直认为，小马驹的爸爸就是毛驴，但是根据遗传学的规律，种间杂交繁殖的动物，很难健康成长，这个小马驹，能不能健康地活下去？

可以说，斑马妈妈生下来的这个怪宝宝就是一个概率很低的特例事件。斑

怪宝宝寸步不离地跟着斑马妈妈

怪宝宝在吃斑马妈妈的奶

怪宝宝和其他动物生活在一起

马能和马科的其他动物杂交，并成功产下健康幼仔，的确非常罕见，但是，我们仅凭小马驹长得像驴，就能断定斑马是和驴杂交吗？还有没有其他线索可以证明幼仔的爸爸就是驴呢？

林巧莹（厦门海沧野生动物园饲养员）：“从外观上看，还是比较像驴的，跟马还是有一定的区别，仅仅在条纹上，能让你一眼就能看出它是跟斑马有点关系。”

出生一个月了，小马驹还没有断奶，总是一步不离地跟着妈妈，斑马走到哪里，它就跟到哪里，偶尔它也学着啃几口青草，但是对于斑马和毛驴都爱吃的胡萝卜，它不太感兴趣。有一天，饲养员听到了它的叫声，不禁被吓了一跳。

林巧莹：“那就是正宗的驴叫。那天，小马驹在离斑马很远的树阴下乘凉时就发出了叫声，然后斑马老远就赶过来，回到它身边。”

无论从叫声，还是长相来看，这个小马驹的爸爸，都很像是头毛驴。但如果要想更科学准确地判断父子关系，还要有科学的依据，可以通过抽血进行 DNA 检测。

由于小马驹还没满月，为了保护它的健康，工作人员没有对它进行抽血检测。动物园准备在它长大一些的时候，再对它进行详细的身体检查。虽然没有抽血验亲，但是正宗的驴叫，以及种种迹象表明，驴爸爸的可能性极大。现在，斑马妈妈的怪宝宝已经成为动物园里的大明星，每天都有很多人闻讯前来看它，而斑马妈妈则有了一个新的小跟班，就是这一步不离地跟着它的怪宝宝。

王晓兰：“小马驹有时自己去啃点儿青草，或者跟游人接近，斑马妈妈没有像以前反应那么大，会马上冲过来。只要大家不去伤害小马驹，斑马基本上不会攻击人类。小马驹还经常到它妈妈跟前去撒撒娇，即使不吃奶的时候，也要到它妈妈脸上去蹭一蹭。”

食草动物断奶需要半年左右，在野外生存的食草动物断奶后，就完全离开妈妈，自己开始独立生活了。但是在这个动物园里，如果没有特殊情况，斑马妈妈会一直和它的小宝宝生活在一起。有人给这个怪宝宝起了一个名字叫斑驴，事实上，专家认为这样的叫法并不准确。

邱春荣：“如果是从近几年杂交后代的说法来讲，应该不能说是斑驴。我认为应该叫作驴斑兽，因为它的母体是斑马，驴是雄性的，应该叫作驴斑兽比较合适。”

资料显示，斑驴曾经是地球上一个独立存在的种群，但是现在已经灭绝。如果把这个怪宝宝叫作斑驴，就和独立物种混为一谈了，因为它是种间杂交产下的后代，所以叫作驴斑兽更为确切。那么，这个小驴斑兽的出现对于科学研究，是否具有一定的价值呢？它今后的命运又该何去何从呢？

王义权：“它有一定的观赏性，更具有科学研究价值。种间杂交是不可育的，这是一条规律。种间杂交的现象很少，这方面的数据也很少，我们可以把这一现象作一些基础数据，人们把基础数据积累多一些，才会有新发现。”

（张瑞晰）

苍蝇穿起的金链子

这里是位于浙江省德清县新安镇的一处生猪养殖场，负责人正在四处巡查着。这两年，养猪场的效益一直不错，规模也越做越大，昨天又有几百头健康的小猪仔降生了，一切都貌似进行得非常顺利。然而，旁人却并不知道，实际上，有一个问题长期困扰着这个养猪场的发展。

王小国（养猪场负责人）：“我们厂目前有 31 250 头生猪，每天需要处理的粪便是 30 吨左右。”

三万多头生猪，每天都要排放出大量的粪便。这些粪便应当怎么处理，这是一件令所有人都感到十分头疼的事。

吕正洪（浙江省新安镇副镇长）：“猪粪怎么处理？如果政府不给处理，其他人不收购，就堆在那里成了一个污染问题。”

这个麻烦却被一个人解决掉了，这个人是谁呢？他又用的什么办法呢？

他叫郑建国，正是他想出了巧妙的办法解决了困扰王场长多年的猪粪便污染问题。这到底是一个什么样的办法呢？

这里是郑建国投资兴建的一片温室大棚，这里头种的会是什么呢？走进大棚，让人意外的是这片大棚中有的不是我们常见的瓜果蔬菜，而是养的蛆虫。这究竟是怎么回事呢？

蝇蛆吃猪粪

郑建国（养蝇人）：“我从小就知道，我们乡

苍蝇的幼虫

饲养苍蝇

饲养蝇蛆

下的大粪里面都是蛆虫。猪场一天有几十吨的粪给我，我想这么多的粪如果能养蛆虫的话是好事情。”

蛆虫，就是苍蝇的幼虫。郑建国萌生了用猪粪养蛆虫的想法。然而，他怎么会想到大规模地养苍蝇呢？养这么多苍蝇又要干什么呢？

陈学新（浙江大学昆虫科学研究所所长）：“苍蝇其实它全身是宝，为什么这么说呢？现在老百姓比较熟悉的就是家蝇的幼虫，可以作为蛋白质的来源，直接作为动物的饲料，人也可以吃。以前曾经报道在西方发达国家，把苍蝇的蝇蛆蛋白提取以后，放到面包里面，专门提供给肠胃不好的患者来吃，让他有利于消化，补充蛋白。”

蝇蛆中含有大量的优质蛋白，现在农村经常能见到一些养鸡的农户在喂鸡的时候，加入一些蝇蛆，以增加营养。同时，科学家们还在苍蝇身上发现了一种神奇的物质——抗菌肽。

陈学新：“苍蝇为了交配，为了产子，经常到我们人类觉得脏的地方，比如粪便、猪粪里面飞来飞去，在这个过程中带了很多菌。奇怪的是，苍蝇本身不会生病。它为什么会有这种功能？就因为它能产生很多抗菌肽。”

目前，很多科学家都希望能从苍蝇身上提取出这种抗菌物质，用于生物制药。然而，郑建国刚开始养殖蝇蛆却不是为做动物饲料，也不是为了制药。郑建国当初养苍蝇，可以说是被逼上梁山。这话还得从2006年开始说起，当时郑建国与朋友合伙做有机肥生产，他们承包下养猪场的猪粪来加工有机肥，然而，本想大干一场的他们却遭遇了失败。

有机肥买卖是做不下去了。然而，郑建国却没有了退路。

郑建国：“在粪便处理方面，我跟猪场签了协议，是25年。25年，不管我采取什么方法，都要把它们处理掉。”

就在郑建国走投无路的时候，网上的一条新闻让他有了一个主意——养苍蝇。

陈学新：“蝇蛆纯粹生活在湿度很高的腐殖质里，或者是粪便里，因为家蝇是杂食性的，它吃食物腐烂的物质，特别像鸡粪、猪粪，对它来说是最好的食物，郑建国正是要利用蝇蛆的食性。蝇蛆吃畜禽粪便，如果养上一些蝇蛆，养猪场的猪粪能够被大量消耗，蝇蛆吃剩下的废料还能二次加工成为有机肥，最重要的是蛆虫还能卖钱。这样不就一举多得了吗？”

郑建国对苍蝇的习性做了一些了解之后，就开始干起来了，他专门找了一间屋子试着养起了苍蝇。他跟朋友请教养苍蝇的经验，又从朋友那里要来了一些苍蝇做种，把它们放在一个个笼子里，给它们喂食，等它们产卵。

郑建国：“给苍蝇喂点红糖、喂点奶粉，用点水，蛆虫孵化了之后，就用点麸皮，养法比较简单。”

通常，工程蝇成虫在交配之后产下卵，每只雌蝇一次能产下100枚左右的卵。这些卵在28度的温度下，8~10小时即可孵化出幼虫，幼虫经过两次蜕皮后慢慢化蛹，最后羽化出成虫。

一切都好像并不难，没过几天，笼子里的苍蝇便开始产卵了，卵孵化出来的蝇蛆，给点猪粪就长得挺好。

张志剑：“苍蝇的幼虫，在生长过程中，特别是卵破壳而出以后，10 分钟内它的体重能够增加一倍。幼虫长大以后，它的体重是幼虫刚破壳时的 250 倍到 300 倍。”

看着这些每一天都在呈几十倍增长的蛆虫宝宝，郑建国感觉自己这回真的要发财了。小规模的试验进行得非常成功，一段时间之后，郑建国决定加大投入。

郑建国：“一个肥料的生产厂厂房全部改掉，全部做成养蛆虫的池子。再把一个肥料的发酵槽全部敲掉，改成了一个苍蝇的种蝇房。”

郑建国将原来的有机肥生产厂改造成蝇蛆养殖车间，在这样的池子里开始大规模地养蝇蛆。

看着池子里涌动的蛆虫，郑建国踌躇满志地开始做起了他的苍蝇发财梦，然而，这个梦到冬天来临的时候就被打破了。

郑建国：“冬天，种下去之后没见虫，全部冻死在里面，只有很少的一部分存活。”

陈学新：“蝇相对来说是热带地区的昆虫，温度要高一些。像家蝇最适宜的生存温度在 25~35 度之间，一旦温度降低，特别在 15 度以下它们就不发育了。”

郑建国试着用塑料薄膜覆盖在池子上，他希望可以用这个办法来保持养殖池内蝇蛆生存环境的温度，然而，让他没有想到的是更大的灾难随之发生了。

郑建国：“粪便的含水量基本上是在 75%~85%。一天几十吨粪就能挥发出十几吨水。水蒸气就往上跑，但是因为上面有薄膜，水蒸气还是跑不掉，又掉到池子里，池子里一点点地变成小水坑、小水洼，蛆虫就在水里淹死了。”

给苍蝇喂食

昨天还好好的蛆虫，经过一夜时间，竟然被活活地淹死了。眼看着一笔马上就要到手的资金再次打了水漂，郑建国意识到自己不能再这样干下去了。他需要找到一些专业人士为他提供支持和帮助。他辗转联系到浙江大学环境与资源学院的张志剑老师，希望他可以给自己提供帮助。

引进蝇种

张志剑："我关注的是畜禽养殖场废弃物的处理，处理办法有很多种，其中以废治废是解决环境污染很好的途径。"

一个是环境治理方面的专家，一个是苍蝇养殖户，这样两个看似不相干的人，却因为一个共同的目标而走到了一起，那就是运用苍蝇来解决畜禽粪便对环境的污染。

张老师还记得第一次到郑建国的苍蝇养殖场的情景。

张志剑："一个简易的场棚，一个水泥池，上面盖一个塑料布，这是小规模的，成不了产业化的。"

张老师认为这样的方式根本达不到保温效果，他建议郑建国改用温室大棚养殖蝇蛆。

张志剑："温室大棚是一个半封闭状态，阳光进来，里面的热量不容易散失；第二是湿度的调控，工程蝇喜欢暖湿的地方，太干也不行，太湿也不行，塑料大棚有保湿功能，里面的湿度比较高。"

郑建国听取了张老师的意见，温室大棚一上，果然就解决了蝇蛆过冬的问题。从此，老郑的养殖场里一年四季都可以养殖蝇蛆了。然而，这样养了一段时间之后，老郑算了一笔账，他发现自己还是没在赚钱，这是怎么回事呢？

为了提高产卵率，郑建国在种蝇的选育方面特别用心。有专人负责筛选个头大、光泽好的蛹留下来作为下一代种蝇，并且种蝇房里也换成这样的大笼子，增大种蝇的飞行活动空间，让它们可以强健身体，好好繁衍下一代。

2009年秋的一天，刚到场里的郑建国就一头扎进了种蝇房，然而他却发

专用的有机肥

现自己精心照料的一批种蝇出现了意外。种蝇突然出现大批量的死亡，这究竟是怎么回事呢？

原来，苍蝇的生命力虽然强，却时时刻刻不能离开水。只要脱水一两个小时，苍蝇便会出现大量死亡。从此，老郑更加用心地照顾着种蝇。

郑建国：“我一天来 3 次，半夜 12 点必须要来喂它们，不管下雨打雷。除了保证种蝇们随时有水喝，对于种蝇们的伙食，郑建国也是颇费心思。”

郑建国：“开始的时候，我们试过喂它们鸡蛋、奶粉，后来是红糖、鸡蛋、

养猪场效益好

水加在一起。”

然而，郑建国发现即便自己没日没夜地、不计成本地、一天三顿地送上红糖、奶粉加鸡蛋，种蝇的产卵率和孵化率仍并不高。

因为此前在国内还没有人如此大规模地养殖工程蝇，出现各种问题都没有经验可以借鉴，这个问题在很长一段时间里让张志剑也感到很为难。

终于，在一段时间的摸索之后，郑建国和张志剑找到了问题的原因。

张志剑：“红糖、奶粉本身是个好东西，但是，我们给它们的时候，是固态的，而苍蝇是口器式吸食性动物，没办法取食。因此，要把食物变成流体或半流体，方便苍蝇吸食。”

为了保证苍蝇吸取到营养，也为了进一步降低饲养成本，张志剑研究开发出了一种符合工程蝇口味同时也能满足它生长繁殖所需营养的营养液。

养猪场的效益不错

张志剑：“营养液是流体和半流体的状态，苍蝇比较适应于这样的食物性状。”

营养液的配置让郑建国的种蝇产卵率大大提高，并且产卵时间也延长了。

郑建国：“原来产卵的时间在5~7天，现在是10~12天。产卵率增加了，周期也增加了。”

如今，郑建国的蝇蛆养殖场规模越做越大，原本那个生猪养殖场的猪粪已经不能够满足需求，郑建国现在还时常要到另外的一些养殖场去收集畜禽粪便。

郑建国：“我现在的计划是把泾县的粪便全部处理掉。”

郑建国的蝇蛆养殖场取得了效益，而张志剑的工作才刚刚开始，他要把蝇蛆消化处理过的废料，做成专用复合有机肥。

张志剑：“蝇蛆处理过的粪便，我们称为生物堆体。这个堆体是有机肥很好的原料，也可以直接使用，但是如果在这个基础上，进行再一次技术改造的话，它的使用价值会更高，对环境可能会产生更好的效果。”

张志剑先将不同地区土壤带回实验室，通过分析和化验土壤层中缺少哪种物质，再根据这个地区不同的农作物特点，在蝇蛆处理过后的废料中加入作物所需要的营养成分，这样就成了供各种作物使用的很好的有机肥料。

张志剑：“在这个基础上，再进行里面的养分调控，里面的有机肥品质调控之后，使得它的利用价值更高，对农作物产生更好的一个作物效应。”

这些专用的有机肥料被用于枣园、甜瓜园、茶园等有机种植园内，农户普遍反映使用了专用有机肥的蔬果香甜度明显提高，产量也增加了。

另外，郑建国的蝇蛆养殖场每天能生产蝇蛆活虫近两吨，这些蛋白质又被提炼成饲料添加物用于生态养殖业。

王小国：“蝇蛆干粉碎以后的粉，5% 的比例加进去以后，不但解决了动物饲料的来源，而且猪的出栏也大大提高。”

养殖废弃物处理、有机种植业、生态养殖业，这几项工作被苍蝇紧紧地联系在了一起，形成了一个完整的生态产业链。郑建国通过自己的努力，实现了财富的增长和个人事业的成功。

（李璇）

音乐玩家——海狮

海狮是一种凶猛的海兽，它们又是极为聪明的表演明星，它们究竟会有怎样的绝活?

1. 海洋馆想出新节目

有一种动物的表演，相信一定能受到大家尤其是小朋友们的喜欢。它就是海洋馆里的表演明星海狮。海狮这种大型的海生哺乳动物，它们的智商是非常高的，模仿能力尤其强，因此，经过一段时间的人为训练之后，表演顶球、钻篮筐等等这一系列动作都不成问题。可能有的成年朋友看了海狮表演之后会觉得："嗨，这有什么?我从小就看，就知道海狮会这些东西。"您可千万别这么说，我们的海狮将要给您表演另外一项绝活，一种您从来就想象不出的绝技。

海洋世界里的表演明星海狮

在山东蓬莱海洋极地世界，生活着海豹、海豚、北极熊等近千种海洋生物，吸引了许多游客前来游览观光。除此以外，这里的海洋表演馆内，每天还都会有精彩的海洋动物演出。

海狮顶球

海洋表演馆内每天都有精彩的演出

拟音海狮甲："大家好，我们是海狮兄弟。"

拟音海狮乙："别看俺们容貌不出众，本领可不小！瞧好了，我顶我还顶……"

滑稽的表演、灵巧的动作让游客们看了捧腹大笑。可是时间久了，馆内的工作人员发现来看表演的人变得越来越少了，这是怎么回事呢？

陈汝俊（蓬莱海洋极地世界海豚馆馆长）："像顶球、倒立或者算算术，因为这些动作全国的海洋馆基本上都有了，所以对观众来说，都觉得这些动作非常普通啊，没有什么特点。看了以后反映的效果不是很好，"

拟音海狮甲："嘿，哥们怎么不演了？"

拟音海狮乙："你瞅瞅下面没几个人，表演起来也没劲啊……"

拟音海狮甲："别闹情绪了，快起来，就是有一个人也要演，谁让观众是上帝呢！"

工作人员看到这种情况感到很着急，要想摆脱现在的局面，就必须在海狮的节目上有所突破。

陈汝俊："因为以前中央台经常有其他的动物表演的节目，有时候会有一些音乐方面的表演，我们觉得其实也可以借鉴这些。"

大家提出了让海狮也来玩一把音乐。

拟音海狮甲："啊！音乐，我可不会。别看我们很有表演天赋，可就是从来没有玩过音乐。"

对，不仅玩音乐，还要组成乐队。

拟音海狮乙：“天哪！这也太难了吧！”

让海狮玩音乐这在海洋馆里可是头一遭，尽管会面临很多困难，大家还是决定试一试。

2. 组建海狮乐队

俗话说，“名师出高徒。”海狮的那些表演天赋可都是驯养它们的老师给挖掘出来的。因此乐队的组建首先离不开驯养员的指导。

无事可做的海狮们

陈汝俊：“做一个合格的驯兽员，首先他对动物要有爱心，在饲养或者训练过程中，他还必须要有耐心和细心。”

来看海狮表演的人变得越来越少了

郭会春是蓬莱海洋极地世界的一名驯养员，是一个极富爱心和耐心的小伙子，从第一天入行学习训练海狮，到现在已经有 9 个年头了，工作经验非常丰富，因此组织训练海狮乐队的任务也就落到了他的身上。

郭会春：“心里其实很高兴，很荣幸能去训练，但同时压力也很大。”

海狮是一种聪明的海洋哺乳动物，它在一岁半到两岁之间的智商相当于四五岁的孩子，正处于一个学习期，对任何事物都充满好奇，而它原始的野性也还没有养成，因此这个时候正是海狮接受训练的最佳时期。

郭会春："它的模仿能力特别强，学会一个动作以后，五六年里它不会忘记。"

目前世界上大约生活着 14 种海狮，而在蓬莱海洋馆里就有 3 种。体形较大，比较凶猛的是北美海狮；南美海狮，身体比较笨拙；加州海狮，是最聪明温顺、动作最灵活的一种海狮，因此也是作为训练对象的最佳选择。您可别小看这乐队成员的选拔，还要有一定的标准呢。

郭会春："第一个要灵活，必须要海狮灵活好动，弹钢琴要嘴巴稍微尖一点的；敲鼓的脖子要特别灵活些；打镲的呢，胸鳍必须要比别的海狮看着感觉要稍微大一点；唱歌的呢，必须要它叫的时候嗓音洪亮。"

经过层层选拔，组成乐队的超级海狮成员们终于确定了，它们分别是：键盘手宫岛，鼓手宾岛，打击乐手保罗，歌手佐罗。

桌子上摆放的 3 个道具就是我们的道具师按照海狮们所用的乐器仿制出来的。首先看这个，这是一个鼓，不过这种鼓和我们人敲的鼓不太一样。人是用手拿着鼓槌这么敲，但是海狮它没有手啊，于是就给它在这里设计了一个踏板，这个踏板也不是让它用脚来踩的，因为它没有脚只有鳍，海狮的脖子比较灵活，它可以用脖子来压它，这么一压，声音就会出来了；再看这个，这是一个镲。这个镲怎么用呢？其实用起来跟我们人比较像，只不过我们人用的没有这两个支架，因为我们可以用手来抓着它，海狮要敲的时候，它就只能用两个胸鳍，这样一来呢，声音也就出来了；这是一架钢琴，当然我们这个模仿的道具跟真正的钢琴还是有区别的。真正的钢琴是拿手来弹，海狮这个"手"它分不开呀，它是胸鳍，于是怎么办呢，就在这给它设计了一些按钮一样的圆球让它用鼻子来顶，这样一顶一顶的，这个声音就出来了。可以说海洋馆的这些工作人员要想把海狮训练成能够演奏的表演明星，首先在道具上、在乐器上就费了不少工夫，现在终于设计出来可以供海狮使用的道具了。

可是我们想一想，光有了道具还不行，为什么呢？因为海狮毕竟不是人，它们之间进行沟通交流的语言，我们人是听不懂的，我们人要跟它们交流，要它们学会一段音乐的节奏，可想而知那个困难程度。这么一来的话，这个乐队能不能够演奏成功呢？

3．登台彩排横生意外

为了让这4只小家伙能尽快地熟悉表演舞台，工作人员特意在舞台的一角为它们搭建了小屋，可是没想到问题出现了。

拟海狮甲：“嗨，伙计，这是什么地方，我怎么不认识？”

拟海狮乙：“我好害怕呀！”

拟海狮甲：“别怕，你忘了咱们也是很厉害的呀，谁敢靠近咱，就给它一点颜色看看……”

海狮虽然是比较凶猛的海兽，却很敏感，尤其是到了一个陌生环境，它们因为害怕而变得紧张恐惧。

郭会春：“人根本不敢靠近它，它害怕人，人也害怕它，人只要一靠近，它就攻击人，特别凶猛。”

为了拉近与乐队成员之间的感情，小郭每天都会亲自给它们喂食，打扫笼舍，日子久了，这些队员也逐渐对他消除了防备。不过它们还是很胆小，小郭好不容易把它们引到了笼外，可是一有动静又都赶紧跑了回去，这该如何是好呢？

郭会春：“这个情况下我们还要把它们带出来训练。先把门打开，打开以后喂它一块鱼，出来几步喂它一块，再出来几步再喂它，就是说一步

蓬莱海洋极地世界的驯养员郭会春

一步把它移到那个海狮表演台上。”

现在小郭终于可以开始对它们进行真正的音乐训练了，首先就是训练键盘手宫岛弹钢琴。

经过层层选拔，组成乐队的超级海狮成员们终于确定了

郭会春：“让海狮去顶这个按键，只要一顶，我们后边有一个按键它就响，我指到哪了，它跟我到哪，我指哪一个按键，它顶哪一个按键。”

说着挺容易，没想到第一次训练就碰到了难题，无论小郭怎么引导，宫岛就是顶不准钢琴键上的按键。小郭也纳闷了，想想以前训练海狮顶球、套圈都非常容易，可这一次怎么就不行了呢？

海狮的钢琴

郭会春：“你也要让它喜欢上这一行，它若不喜欢的话，你再强迫它也是没有用的。”

为了让海狮宫岛能够早点对弹奏钢琴产生兴趣，小郭特意制作了一个与钢琴键相类似的目标棒。

郭会春：“做亲亲这个手势，做好以后你拿手去点，你点哪一个点，它就会跟着你的手走，你手指到哪个位置，它会跟到哪个位置。”

第一次因为好奇，宫岛表现很积极，可是总重复一个动作，它也会闹情绪，怎么才能让它听从指挥呢？

郭会春：“我们只要海狮做对了就吹哨、喂鱼，

海狮用鼻子来顶这些按钮一样的圆球

吹两下、三下、四下，连续吹就是表示惩罚你做错了。”

聪明的宫岛发现只要每次按照小郭的手势去做，就可以得到美食的奖赏，学习的兴趣一下提高了，口哨加食物诱导的方式果然有效。可是好景不长，小郭发现宫岛不仅情绪有些烦躁，琴也弹不响了。

郭会春：“它突然就不弹了，我还以为是钢琴坏了……”

经过检查，他们发现钢琴并没有什么问题，可是为什么宫岛拒绝弹琴呢？

驯养员：“陈馆长，怎么南美海狮跑到加州海狮笼里去了？快去看看嘴那么大。”他们过去一瞧，这不还是原来的宫岛吗，只是怎么好像跟过去不太一样了呢？

陈馆长：“一看以后怎么觉得就是南美海狮嘛？！他们说不是，是加州海狮。一看，原来嘴肿了。”

找来医生一检查，原来是宫岛的嘴巴里长了蛀牙，难怪会闹出被错认的笑话。经过诊治宫岛很快恢复了健康，可它还是不愿去碰琴。这回细心的小郭找到了原因：宫岛海狮用力过度，把嘴顶到了钢琴上，嘴顶疼了，疼了就跑了，不干了。

原来宫岛每次顶键用力太轻琴弹不响，用力太猛嘴巴又会很疼，难怪它会产生抵触情绪。

必须要选择一个恰当的位置距离，让它正好弹到钢琴上，正好这个位置，琴也响了，它也顶不到嘴疼。

这下宫岛再也不用担心弄伤嘴巴了，在小郭的训练下，它的弹奏技艺是突飞猛进。

看到宫岛因为出色表演，得到了小郭的鼓励，一旁的宾岛有点不服气啦。

“哼，不就是这两下子嘛，我的本领可比它大多了，你们可看好了。”

您别说宾岛的表演还真不错，可是小郭怎么会想到让它用脖子来敲鼓呢？

海狮的脖子特别灵活，它有时候有事

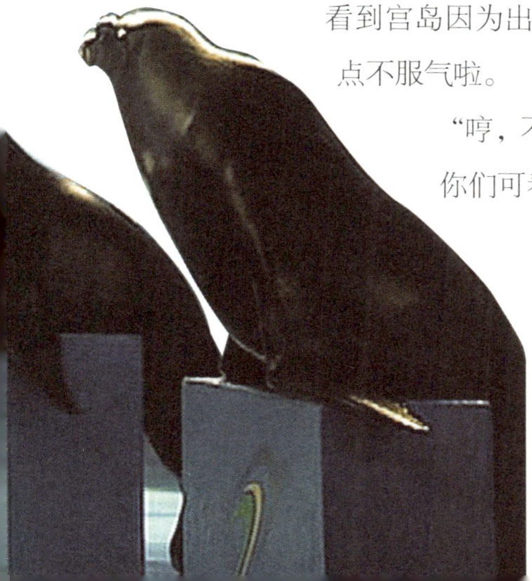

没事爱这样向前向后来回活动脖子。按照它的这个特点，用手来引导它往下按这个鼓，就能发出声来。

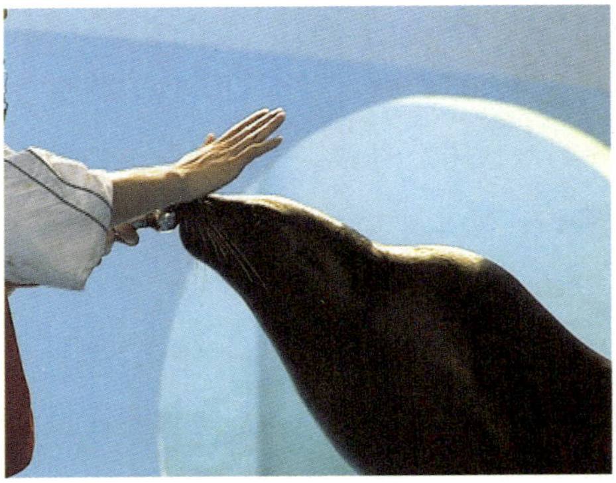

用口哨加食物诱导的方式训练海狮顶键

有别于其他海洋生物，海狮有在水上陆地来去自如的本领，这完全依赖于它鳍状的四肢。如今保罗胸前的双鳍又多了一项功能，就是用来表演打镲，您别说它对乐器节奏的把握还真像那么回事。

可能也有人会问，这种海生哺乳

宫岛拒绝弹琴

动物怎么能够明白人的音乐呢？的确，我们对这点也百思不得其解，查阅了很多资料，求证了很多专家，结果发现虽然说有不少的科学家在研究这个问题，但是目前还没有定论，那么驯养员是怎么让海狮学会这套动作的呢？其实说白了很简单，也是一个条件反射的过程，是一个在我们大脑中建立奖惩机制的过程，比如说每次训练海狮的时候，先打一个响指，然后就让它去做打镲的动作，它要做对了就吹一声短哨，然后再给它一块鱼吃，它就明白了这样做能得到好处，于是下次它还这么做，如果它没有做对就吹一声长哨，并且还挂着一张脸不给它好脸看，海狮可能就会明白，这样做不对，下回要改，这样一来慢慢地这个条件反射奖惩机制就建立了。它们现在也能进行一些打镲的表演了，这个海狮乐队到底能不能演奏成功呢？

这 4 只海狮迎来了乐队的第一次合练。可是打镲声刚一响，乐队的其他成员一下子全跑了。任凭驯养员怎么招呼，它们就是不肯回到原位，这是怎么回事呢？

原来是一头一头训练，光是打鼓的没听过打镲的、没听过弹琴的、也没听过唱歌的，当时也是没想那么多，直接把它们拉到这儿来了，队员们被这突如其来的响声给吓倒了，看来要想让它们继续表演还得费点工夫。

全部再叫回来以后吹一声哨，赶紧喂鱼，赶紧给它们奖励，多多奖励，慢慢地它们就回来了。

还是美食的奖励有成效。小郭决定进行第二次合练。原本以为这一次会比较顺利，没想到又出问题了。弹唱乱作一团，表演又失败了。

郭会春：“当时就是感觉干够了，想转行了，不想干这个了。”

乐队成员课堂上的表现让小郭感到很灰心，陈馆长看了找来小郭和他一起寻找问题的原因。

郭会春：“当时训练刚开始的时候，它们对手势不是特别敏感，只要你手势一动，它们这 4 头吧，唱歌的唱歌，弹琴的乱弹，打鼓的乱打，敲镲的乱敲……”

原来保证海狮乐队顺利表演的关键在于小郭的手势，它就相当于音乐会上指挥家手中的指挥棒，乐队成员根据手势不同的变化，来掌握彼此之间的演奏顺序。

郭会春：“右手指它就弹琴，一伸开以后吧它就是唱歌，我左手是指挥打鼓和敲镲，手攥着锤以后往下按是打鼓，手张开以后，往上举举手的时候是敲镲。”

4. 海狮乐队正式亮相

海狮用脖子来敲鼓

驯养员替海狮选择一个恰当的位置距离弹钢琴

经过一段时间的训练磨合之后，海狮乐队终于要在2005年的5月1日正式面向观众演出了，这一回它们能否成功表演呢？

没想到海狮乐队的成员们刚一开始演奏，观众的叫好声就响成了一片。

陈汝俊馆长：“打镲的时候游客哈哈一笑，最后做到海狮唱歌的时候，这时候就爆笑，哈哈哈……就这样爆笑，我当时的感觉是非常不可思议。”

现在演出正式开始了。

驯养员们：“掌声特别热烈，当时我们心里边，感觉说不出来那种高兴。”

郭会春：“真是喜欢这一行，现在你再让我干别的东西，我永远不会去干，永远就是干这一行，和海狮待在一块。”

从一开始听到音乐就四处逃窜，到现在已经可以4个海狮乐队的成员在台上齐刷刷地为我们表演合奏，真的是让人觉得了不起。当然啦，这也离不开训练员的功劳，看到这些海狮们在音乐当中摇晃着自己的身体，摆动着自己的双鳍，我相信在它们寻找到快乐的时候，也给我们大家带来了更多的快乐。当然我还是觉得海狮应该生活在大海里，那片属于它们的自由海洋。

（穆佳）

海狮乐队演奏开始了

熊瞎子重生记

它是来自北极的尊贵朋友，
它曾给人们带来无限欢乐，
它却突然双目失明，痛苦万分。
应该如何诊治？困难重重，
它到底能否走出黑暗，恢复光明？

1. 反常的北极熊

30 岁的雌性北极熊幼白突然不吃不喝

北极熊是一种非常珍贵的大型哺乳动物，习惯生活在冰冷的世界里。现在全世界的北极熊数量只有两万多头。在山东蓬莱海洋极地动物世界里生活着 2 头北极熊，一头是 4 岁的雄性北极熊斯斯，另一头是 30 岁的雌性北极熊幼白。性格温顺、憨态可掬的它们深得游客喜爱，可是就在今年的春节前夕，30 岁的幼白突然不吃不喝，而且异常烦躁，它究竟怎么了？

在春节前夕的一天下午，山东蓬莱海洋极地世界的饲养员像往常一样打算把在馆内游玩了一天的北极熊收回笼子，可是他们却看见了这反常的一幕。

幼白异常烦躁，一直不停地走

饲养员王本明：“那会儿感觉特别不正常，它在那个场地里不停地转，而且烦躁，有时它会碰着墙，当时我们也不知道它怎么回事，根本就不知道，它怎么会出现碰墙，然后往回叫它、驱赶它、引诱它，它都没有反应，就一直不停地走。”

王本明他们发现幼白的性情有很大变化，平时相对温和的它今天举动非常奇怪，这个状况可是吓坏了在场的每一位饲养员，他们赶紧打电话找来了李经理。

工作人员们发现幼白在场地里不停地转

总经理李木兰：“这个时候北极熊的熊掌都已经出了大量的血，它在里面不停地转。我们当时馆里边还有工作人员，大家都挺着急的。我们想让它进笼，一进笼去它就会吃饭、休息，但它不进笼，它在那地方不停地走，熊掌不停地出血，我那个时候很着急。”

这头北极熊名叫幼白，它和另一头北极熊斯斯一起从遥远的加拿大来到这里。蓬莱海洋极地世界里生活着白鲸、海狮、热带鱼、海豚等近千种珍贵的海洋生物，然而它们却是这里最受宠爱的动物了。它们曾经生活得很是悠闲自在，优雅的水下太空步更是吸引了众多游客的目光。可是现在，幼白为什么会变得如此异常呢？饲养员王本明忽然想起前几天的一个状况。

王本明：“那天下午，我们正常下班的时候，要把它收回笼子。顺利收回来以后，我们每天都要例行检查，发现它的眼睛有点肿，它眼睛一会儿闭，一会儿睁，好像就是受伤了，碰伤了那种感觉。”

饲养员发现幼白除了有些频繁眨眼之外，并没有其他异常，吃东西也很正常，就给它喷了点眼药水，为它消炎，防止眼睛的感染。后来的几天饲养员并没发现幼白有其他什么特别的举动，怎么会忽然烦躁撞墙而受伤呢？难道是因为它离开了熟悉的环境，而这里的条件不适合它生活吗？

董事长李海锋：“北极熊离开了北极这个环境，到我们这个地方来，我们必须打造一个和它在北极大致雷同的环境。比如说它需要很冷的一个小环境，还要有自然风、自然阳光，基本上我们给它保证一个与原来相比改变不是很大的生态环境，以便它尽快正常生活。”

看来，为了给它们营造一个舒适的环境，馆里的领导确实没少费心，既然不是环境的因素，那么会不会是食物的原因呢？

王本明：“它在自然界吃的食物比较杂，营养补充得比较多，这里让它只吃一种鱼肯定是有些营养缺乏，但是我们平时把各种营养药都和食物一起添加，每天都有定量的，按照它的体重标准，直接做好了给它添加上。”

工作人员往回叫它都没有反应

2．紧急处理

王本明是蓬莱海洋极地世界的老饲养员了，在动物的喂养上有着丰富的经验，他们在生活上尽最大努力照顾这两头北极熊，当然在食物上更是分毫不敢马虎。既不是环境的因素，也不是食物的原因，且跟幼白同吃同睡的斯斯并没有异常情况的出现，幼白的这种状况到底是什么原因引起的呢？李经理赶紧打电话向北京动物园求救。

总经理李木兰：“我就给北京动物园张成林院长打了电话，我就说你看它这样一直走怎么办，他说你看看能不能找到镇静的针给它注射一下，让它安定下来，要不这样继续走恐怕就活不到天亮，因为失血太多了，他说这样很危险。”

北极熊幼白到了该回笼的时间却不回去，而是在馆内不停地走动，以至于将熊掌都磨出了血。动物毕竟不同于人啊，我们如果手流血了可以拿止血膏涂抹，然后包扎上，但是动物就不同了，操作就会有很多的困难。首先，它不会用语言来告诉你自己哪里不舒服，有什么样的症状；其次，像北极熊这种极具攻击力的猛兽，任何人也不敢靠近它，而且它越是出血就越急躁，这样下去，后果不堪设想。工作人员首先要做的就是让它先镇定下来，可是幼白现在是在展馆内，而且还在不断地走动，怎样来给它注射镇静剂呢？唯一的办法就是工作人员爬到屋顶上，打开天窗用吹管给它注射。

饲养员赶紧爬上天窗，通过铁栅栏的空隙给幼白注射镇静剂，幼白似乎觉察到了来自头顶的威胁，不时往上扑，以驱逐侵犯它地盘的不速之客，趁此机会，饲养员赶紧给它注射。

李木兰：“我们给它注射镇静针以后，过了有半个小时，药效就慢慢开始起作用了，脚步放慢，有时候它会站到那休息一下。”

已经折腾了十几个小时的幼白此时已经非常疲惫了，大家赶紧兵分两路，一边在笼子旁呼唤它，一边用食物引诱它，驱使它前进。最后，幼白终于回到了熊舍里，可是它却拒绝进食，这种异常举动，是以往任何时候都没有发生过的。

北极熊的熊掌已经出了大量的血，仍在里面不停地转

饲养员王本明：“我自己心里其

实挺难受的，因为从北极熊来我们这儿一直是我接手，我一直饲养它，我们当时是干着急没办法，这是心里话，真的没办法，我们不能帮它。”

幼白性情变得异常

幼白的忽然生病让饲养员的情绪很是低落，他们仔细观察幼白的情况，发现它的眼睛似乎看不清东西了，也许这就是幼白烦躁而撞墙的原因。

幼白对身体的反常非常不适应，天天趴在笼舍里不吃也不喝，身体极度虚弱。看着一天天消瘦的北极熊，李经理感到事态严重，于是她请来了市人民医院的眼科医生刘来富，刘医生赶紧来到熊舍查看幼白的病情。

刘来富（蓬莱市人民医院眼科主任）：“通过他们的饲养员观察，发现眼睛里瞳孔发白，我来看了几次，手电照以后，发现这个晶体还是比较浑浊。所以综合分析，考虑白内障的可能性比较大。”

幼白不肯进笼吃饭、休息

刘医生怀疑导致幼白看不清楚的原因是白内障。虽然 30 岁的幼白已相当于人类七八十岁高龄，可是白内障是人类的一种老年性多发疾病，难道北极熊也会遇到同样的问题吗？

张成林（北京动物园兽医院院长）：“白内障这种病，不分动物和人，都可能得，北极熊和人都属于哺乳类动物，是比较接近的，人得的一些病，北极熊也可能得。”

幼白的眼睛有点肿，好像受伤了

3. 白内障

眼睛基本呈球形，最外层的是角膜，像一片隐形眼镜一样。紧接着后面是虹膜，虹膜也就是瞳孔，瞳孔的后面就是晶状体，正常状态下它应该是透明的,所看到的东西也是清晰的，但是时间长了就像机器一样会老化，变白，变混浊，继而引起失明，这就是我们常说的白内障。

幼白失血太多了

幼白拒绝进食十几天了，它的病情也在不断恶化，双目已经失明并陷入昏迷状态，北京动物园立即组织专家会诊。

经过北京动物园的专家会诊以后，已经确定幼白得的是老年性白内障，可以说幼白的病情其实是很容易诊断的，但是难就难在应该怎么治疗上。按常理来讲，幼白已经到古稀之年了，在自然界也面临即将被淘汰的命运，因为年龄最大的北极熊也不过四十几岁，到底要不要给它做手术呢？有人说，它的身体已经很虚弱，就算是做手术估计也很难活着下手术台，有人说既然已经诊断出了病情，就应该立刻手术，越拖越麻烦。到底是让幼白继续生活在黑暗里直到老去呢？还是为它手术，还给它一片蓝天呢？在这个问题上，大家的意见出现了分歧。

李总：“当时来讲我们大家有些观点不太一致，有的主张做，有的不主张做。最后我主张要做，为什么要做呢？它体现了我们对动物的爱护，也体现了人类的文明。”

大家经过慎重研究，最终决定，为幼白实施白内障清除手术。饲养员这边为幼白精心准备食物以补充营养，那边专家为手术方案进行讨论，北极熊的白内障摘除手术，在国内尚无先例，兽医们也没有为高寒地带的猛兽进行手术的经验，因此风险显而易见。但是幼白的情况不容乐观，不能再拖下去了。

动物园园长：“它双目失明以后，特别烦躁，特别不安，以至于食欲下降，把爪子都磨破了，出了很多血。这样大概经过了十几天吧，这种不安导致体质下降，如果不给它做手术，它可能会在短期内因为不适应而死亡。”

经过多次的探讨会诊之后，手术方案终于确定，蓬莱市人民医院眼科医生刘来富将为幼白实施白内障摘除手术。

刘主任：“真正给这么珍贵的动物做手术，没想到过。当时知道这个消息以后，感到压力比较大。”

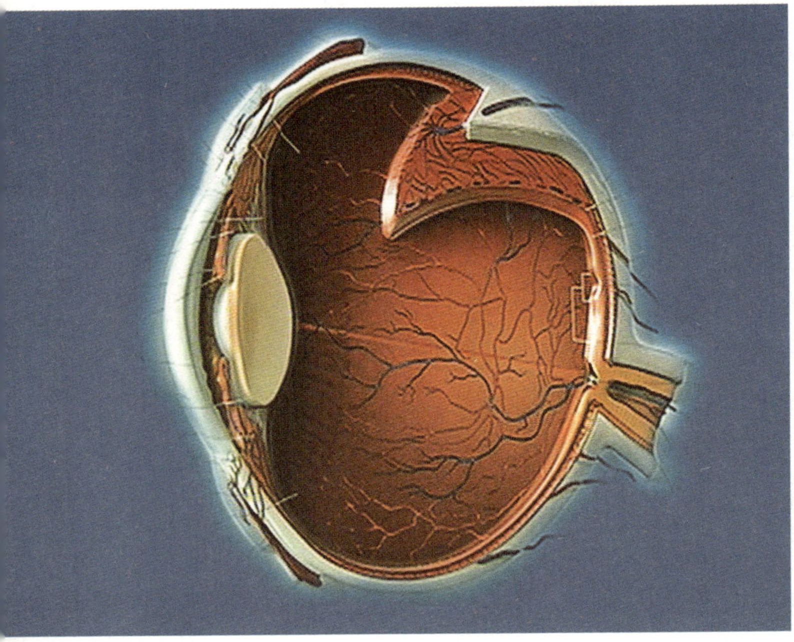

眼睛基本呈球形，正常状态下应该是透明的

虽然刘医生有丰富的临床经验，但是他毕竟从来没给动物开过刀，北极熊的眼球硬度比人要大，如何把握好力度是整个手术的关键。另一个严峻的考验就是麻醉。虽然手术部位只在眼部，但是幼白不能主动配合，为了确保手术顺利进行，就必须对它实施全身麻醉。而这个艰巨任务就必须依靠北京动物园的兽医来完成。

专家组的专家经过多次集体会诊认为，最好的办法是将幼白的晶体核摘除，为它植入人工晶体。这是什么概念呢，就相当于给它戴上两三百度的近视眼镜，看东西就比较清楚一些，但是目前我国还没有动物人工晶体。经过专家观察分析，幼白瞳孔比较大，没法植入人类所用的人工晶体。那么只能按照传统做法，把北极熊原有的白内障直接摘除。这和我们20世纪80年代做人类白内障手术一样，相当于人缺了一个凸透镜，看东西的距离范围在3米左右，虽然效果差一些，但也不影响幼白进食。现在手术方案已经确定下来，下一步就是手术前的准备了。

考虑到北极熊体型巨大，生性凶猛，工作人员首要就是要赶制一张特殊的手术台。为此他们在手术台的床头特别增加了铁栏杆，用来固定头部。

4. 手术

2月24日清晨8点，专家们各就各位，手术开始了，第一步就是要对它实施全身麻醉。

动物园园长："既然是麻醉就涉及动物体重的问题，麻醉药少的话，达不到程度，手术进行就非常危险，特别是这种眼科的微创手术，很可能激发出其他问题；相反来说，如果麻醉量过大了，它就抑制得更严重了，它的心率减慢，呼吸减慢，可能引起呼吸抑制、停止。"

麻醉对幼白的肌体又是一个严重的刺激，它身体非常虚弱，张院长尽量减少麻醉剂的用量以保证它的安全，这就意味着医护人员将承担一定的风险。饲养员配合北京动物园的专家，给幼白进行麻醉，在确定它已被彻底麻醉后，工作人员开始捆绑幼白的四肢，将幼白从笼舍中搬到隔壁的"手术室"。

可是正当手术有条不紊地进行着，手术室的铁门却突然传来了强烈的震动，并伴有巨大的敲击声。到底发生什么意外了呢？手术室里所有人都紧张起来。

李木兰："当时把我们吓得，都在猜测到底是什么声音。因为当时给幼白做手术的时候，应该是绝对安静，如果有很大的噪声，也可能把它从沉睡中唤醒，大家都害怕，不知道什么原因，猛的一想，是斯斯来敲门了。”

原来，是另一头北极熊“斯斯”，可能它感觉到了同伴的不寻常。

李木兰：“我和大夫两个就用身体顶着门，我们怕它一下冲进来怎么办，因为想到这门要不结实，进来可毁了。”

情况异常紧张，万一它的举动惊醒了麻醉状态下的幼白，或者影响到医生的情绪，后果将不堪设想。

李木兰：“我就赶快让饲养员把它爱吃的牛肉，还有苹果，多扔一点在水里，让它到水里去吃东西，

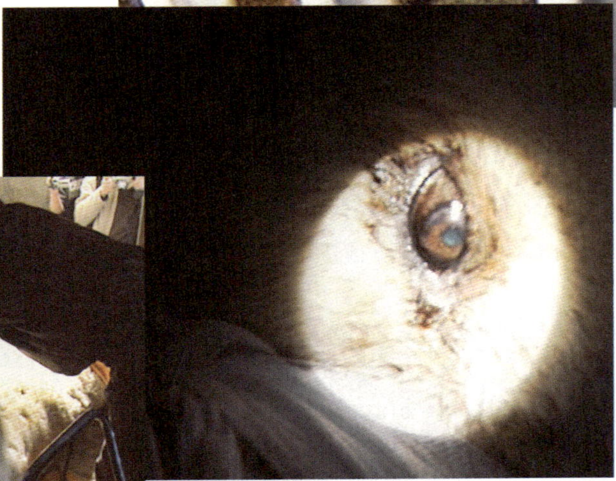

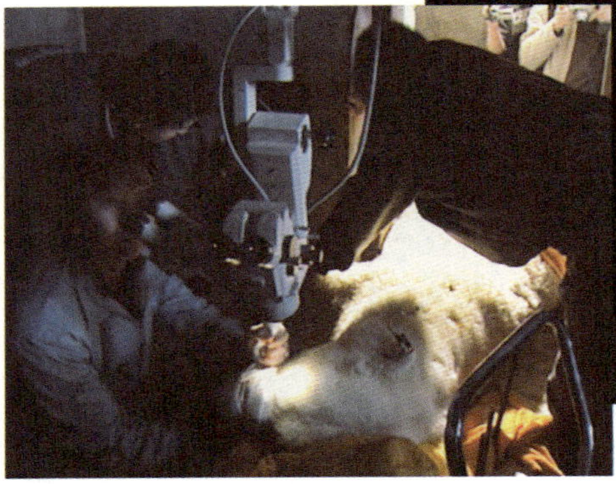

眼科手术开始了

北京动物园专家会诊确定幼白得的是老年性白内障

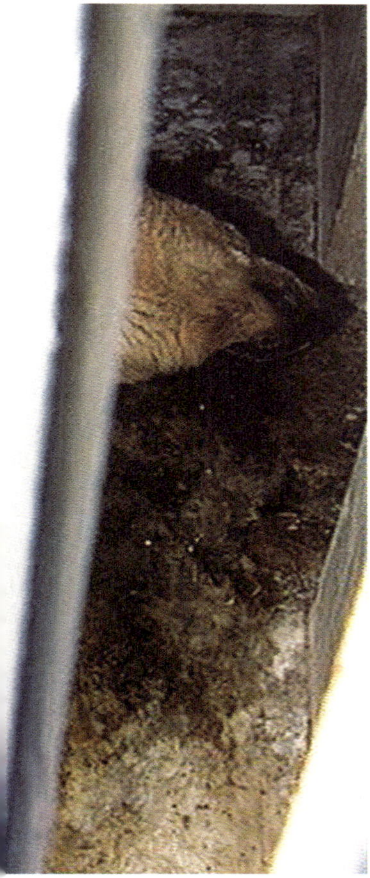
双目已经失明并陷入昏迷状态

我们好赶快做手术。”

工作人员非常理解斯斯的异常举动。两年来，幼白和斯斯一直和睦相处，在异国他乡，它们是唯一的同类，一直相依相伴。自从幼白患病以来，斯斯也表现得很烦躁，现在斯斯敲门也是担心幼白遇到危险，是想给幼白以救援。好在斯斯暂时被食物诱惑过去了，停止了敲门的举动。

刘医生这边手术还在进行，另一边来自北京动物园兽医院的专家们，则忙着抽取幼白的血液样本进行化验，监护着幼白的心跳和血压。眼看手术进行到关键时刻，可是监测仪却突然显示幼白的心跳停止了，意外发生了吗？

王本明：“要说担心我们也实在很担心。在手术过程中，我们其实心也提到嗓子眼上，它万一起不来怎么办。”

一丝不祥的预感笼罩在园长心里，这一状况让现场所有人的心都悬了起来，大家立刻分头查找原因。

动物园园长：“偏偏在这次手术过程中，突然监护仪上各种指标，心率、呼吸全没了，是不是出现意外了？但是监护人员给我们的信息是没有什么异常，后来我们一检查发现是接头滑脱了。”

原来是虚惊一场，检测仪器的插头出现了小故障，幼白的呼吸非常正常，手术继续进行。一刻钟后，医生将它的白内障成功摘除。

手术结束后，工作人员迅速离开了熊舍，可是幼白一直处于昏迷状态。时间在一分一秒地过去……5 分钟后，幼白苏醒了，它站了起来。

幼白的眼睛已经愈合，没有任何的感染。看到它身体一天天地强壮起来，大伙儿工作起来甭提有多带劲了，因为他们知道活泼的幼白很快就要回来了。

幼白苏醒了，它站了起来

相信我们又会在蓬莱海洋极地世界里看到它的身影了。北极熊幼白在手术当中，得到了很多人的关心和爱护，大家对动物的保护意识是越来越强，希望大家更加热爱自然，保护生态，爱护动物，让它们能够健康快乐地生活！

（鲁海娟）

高空飞熊

它生性凶猛，却具有特殊的表演天赋；
它笨手笨脚，却是动物园的超级明星。
15 米高的钢丝，
一辆真人摩托，
这里面藏着怎样的飞车秘籍？

1. 伯乐与黑熊

熊生性凶猛，却具有特殊的表演天赋

最近，南京市珍珠泉野生动物园正紧锣密鼓地排练一个新的表演项目——在 15 米的高空钢丝上表演飞车绝技。最特别的，就是这个表演项目的演员，它虽然是猛兽，但生来就笨拙、反应慢、动作迟缓，可它却有成为超级明星的潜力！

高空飞车能否实现？15 米高的钢丝，一辆真人摩托，它能克服恐惧骑上摩托车吗？它在高空又是如何找到平衡的？能保证它在高空的安全吗？这里面藏着怎样的飞车秘籍？

南京珍珠泉野生动物园黑熊馆

培养性格活跃、平衡能力强的熊去

黑笨笨："嗨，大家好，我叫黑笨笨，是个黑熊宝宝，今年还不到 1 岁。我和 50 多个小伙伴，刚从桂林坐飞机来到南京珍珠泉野生动物园。因为我行动笨拙，大家都叫我黑笨笨。但别看我笨，我却有一个梦想，那就是要当个超级明星。因为我们能够轻易地用后腿站立，因此深受马戏团、游乐园的欢迎。这次我们来南京，好像就是要选拔演员，可我这么笨，也不知道能不能被选上？"

和导演选主角一样，驯养师首先要对这些黑熊进行面试。据珍珠泉野生动物园演出部团长李成建介绍，在挑选黑熊方面，最重要的就是根据其自身的特点，选择适合的表演节目，然后再具体去实施驯化培训。

黑笨笨："我这么笨，又不会讨驯养师的喜欢，一起来的伙伴们都不跟我玩。你看远处那个家伙叫非非，驯养师说它活跃，平衡能力强，就培养它踩球去了；冲镜头的叫洋洋，爱出风头，长得瘦而且腿长，驯养师说它弹力好，让它跳绳去了；打架的这哥俩，驯养师说它们聪明好斗，平衡能力肯定不错，安排它们一个去踩滑板车，一个去骑马了……咳，和他们比起来，我简直就是一无是处，看来我是没什么事可做了！"

似乎没有什么表演才能的笨笨，让驯养师犯了难，该给笨笨设计一个什么样的表演项目才适合它呢？

黑笨笨：“咦，这个大家伙是什么？强强怎么过去了，强强可是我们当中最机灵的了！咦，它怎么跑了？”

小黑熊强强正往摩托车上爬，突然间撒腿就跑。原来，是摩托车发动了。团长李成建说，很多熊都不适应摩托车发动的噪音，一听到就跑，还有的才一到车跟前就开始害怕。

黑笨笨：“那我来试试身手！不就是有响声吗？有什么大不了的，我只当没听见。咦？驯养师怎么在冲我点头？是对我有好感？难道胆子大喜欢爬高也是一种优势？”

笨笨憨憨傻傻的举动让在一旁的驯养师灵机一动，有没有可能让黑熊驾驶着摩托车在高空钢丝上表演呢？“高空飞熊”的创意就这样诞生了。

要知道，以前从来没有过动物高空钢丝飞车的项目，珍珠泉野生动物园的工作人员也是在一次看杂技表演的时候受到了启发，想着是不是有可能由动物来进行这种高空表演。

通过观察，驯养师看到笨笨虽然动作迟缓，但它胆子大，喜欢爬高。它上摩托车的举动，让驯养师突发奇想，给笨笨设计一个高空钢丝上开摩托车的表演项目。这个想法一提出，就遭到了很多人的质疑，15 米高的钢丝，让熊骑真人摩托车，驯养师要如何保证笨笨在高空的安全？而笨笨又怎么在高空摩托车上保持身体平衡呢？驯养师李闯也有些吃不准，“这个到底行不行？这么高，十几米的高空，人在上面也很害怕”，黑熊能在上面安安稳稳的吗？

黑熊笨笨

驯养师很清楚，无论是从智商上还是体型上考察，黑熊都不可能完成驾真人摩托车走高空钢丝的表演，但是只要通过摩托车的改造和人为控制，还是可以在视觉上营造出黑熊开车的感觉的。问题是，要怎么解决黑笨笨在高空钢丝上的平衡和恐高情绪的问题呢？

驯养师决定先接近笨笨，看看它的反应再说。

2. 恐高的黑熊

聪明好斗的熊踩滑板车

演员定下来后，训练就该紧锣密鼓地开始了。但是驯养师李闯却不慌不忙，他要把庞大笨拙的黑熊当朋友一样看待，先培养感情。

虽然黑笨笨天生喜欢爬高，胆子又大，但它其实是属于亚洲黑熊，别看长得挺吓人，可实际上性格却很温顺，甚至有的亚洲黑熊还很胆小怕事，见到生人就会害羞地悄悄溜掉。要想让它学会表演这么高难度的表演项目，首先得要从心理上入手，做感情投资，只有当它认可、信任了驯养师，才会服从指挥，这是驯养师的一招秘籍。

如何能够拉近和黑笨笨之间的距离，让它顺利地先骑上摩托车呢？食物诱导是驯养师培养与动物之间感情的主要办法。但黑熊毕竟有一定的野性，刚刚开始驯化的时候，和人的感情还没有建立起来，直接用手拿食物喂它肯定有危险。驯养师通常都会先用一个长条小棍，把食物插在上面喂给动物吃，这一步适应以后，再逐渐把小棍缩短。通过这个小棍缩短的过程，动物和人的感情也慢慢拉近了，到最后，人就可以用手直接喂它了。

黑笨笨：“咦，有美味吃？妈妈说过，‘吃人嘴软，拿人手短’，怎么办？唉，管它呢！吃了再说。”

渐渐地，黑笨笨开始信任驯养师李闯，也逐渐产生了依赖。李闯看准时机，让笨笨开始接触摩托车。骑摩托驮着笨笨的李闯，发现笨笨竟然开始在座位上本能地寻找起平衡的感觉，完全没有受到马达轰隆隆声音的影响。

黑笨笨：“骑摩托车的感觉好风光哦，但是要让我一个人待在上面，我肯定不行！”

难道笨笨就是天生的表演明星？它是靠什么找到平衡感的呢？

事实上，保持身体平衡是一切动物天生所具备的重要功能之一。为了克服重力的吸引作用，在自身保持身体姿势的同时，还能准确协调地完成各种动作，在各种动物体内都产生了相应的平衡器官来调节和维持平衡。比如人类，大家都知道耳朵是听觉器官，其实在耳朵内部，还藏着重要的平衡器官“半轨管”。当人单脚站在地上的时候，耳朵里的平衡器官就通过神经中枢告诉我们，自己的身体是倾斜的还是平衡的，然后再通过细微的身体晃动来加以调节。坐在摩托车上的黑笨笨也是一样的。但这离最终站上距离地面 15 米高的钢丝，还有很长的差距。

在驯养师的悉心照顾下，黑笨笨已经逐渐适应了动物园的环境。平衡训练也非常顺利，这让驯养师信心十足。可是在平地上骑摩托车就已经够不容易的了，更何况是要在十几米的高空钢丝上。这不，让驯养师手足无措的问题出现了：笨笨恐高！根本连 15 米的高台都不肯上。训练被迫停止了。

小黑熊往摩托上爬

据南京大学生命科学院黄成副教授介绍，其实大部分的哺乳动物，包括熊在内，到了

笨笨虽然动作迟缓，但它胆子大，不怕爬摩托车

高空都会产生恐惧心理，也就是说，都是恐高的！

亚洲黑熊天生近视，所以才有了个“黑瞎子”的外号，它们看不清百米之外的东西，不过耳朵和鼻子很灵敏，顺风可以闻到千米以外的气味，听到300步以外的脚步声！像笨笨要在15米的高空保持平衡，视觉已经帮不上它多少忙了，更重要的是靠它的平衡感觉。

该如何让黑笨笨克服恐惧心理，并且最后能够在一根离地达15米高的钢丝上表演飞车绝技呢？驯养师决定先从一些基础性表演训练开始。

为了帮助笨笨克服在高空恐惧的心理，驯养师李闯开始用食物引诱笨笨爬树，并且想方设法用食物刺激，让笨笨在高空持续停留的时间更长。于是，每当笨笨爬得更高一点，持续停留得更长一些时，他就用食物奖励笨笨。而黑熊看到驯养师手里的食物，也总是会继续向上爬。1米、2米……在每一个高度习惯之后，就是更高的目标。循序渐进中，笨笨就这样逐步地适应了高空飞车中的每一个细节动作。久而久之，笨笨已经可以登上15米的高空登高望远了。

可是，谁也没想到，就在登上高台时，一向表现很好的黑笨笨，却又临阵逃脱了。

李闯记得，第一次带笨笨上去的时候，刚让它站起来，开始往摩托车旁边引，它突然通过摩托车下面的一个小间隙看到了地面，马上害怕起来，掉头就往回跑。

黑笨笨：“咦，怎么和爬树不一样呢，我的腿好像在打战。透过台阶看下面，我觉得我要掉下去了，快溜！摔下去还怎么当明星！”

知道一切都不能着急，驯养师就像教婴儿学步般耐着性子慢慢教。每当笨笨完成一个细节动作，他摸摸笨笨的头，或者给它食物奖励。终于，笨笨勉强可以在高台上乖乖地站着了。可是要让它上架在高空钢丝上的摩托车，还要让它适应摩托车的高空运行，还很困难。

黑笨笨："虽说我的坐骑很帅，可是向下看时，完了，我会摔死的！驯养师说我是他们的宝贝儿，为了保证我不摔下去，他们可是想尽了办法。"

大伙将摩托车后面拴上绳子拉住后让黑笨笨练习

黑笨笨已经能趴着驾驶真人摩托，行驶在高空钢丝上了

3. 空中熄火

黑笨笨第一次上高台的时候，大伙买来了保险带拴住它。现在，黑笨笨骑的这辆真人摩托车，是取掉了车轮胎只剩下轮毂的真人摩托车。大伙将摩托车后面拴上绳子拉住，让黑笨笨在高空钢丝上练习骑摩托车，逐步前行。这个过程就是为了让黑笨笨克服恐惧心理，逐步适应高空运行中的摩托车。

高空飞车跟猩猩走钢丝或者人走钢丝又有什么不一样呢？

南京大学物理系副教授唐涛对此做出了解释："猩猩走钢丝或者人拿一个竿子在钢丝上走，是处于一个不稳定平衡的状态，因为重心是在钢丝以上，所以就需要人或者猩猩通过自己身体的摆动或者是道具的移动来调节重心。相比之下，这种熊骑摩托车的难度还是要小很多的。"

另一个问题就是，如何能保证笨

笨在高空的摩托车上不摔下来呢？

原来，驯养师为笨笨精心设计了一个表演器械——在摩托车的两侧用两根钢铁做一个类似秋千的下垂的座椅，座椅上坐一个人，使摩托车和熊的重心下移，以保证摩托车和熊不会从钢丝上摔下来，黑笨笨自然也就可以稳稳地坐在摩托车上了。

大家最担心的平衡和安全问题都解决了，现在黑笨笨每天都重复着这一套动作。不到一年的时间里，黑笨笨从见到钢丝就跑的逃兵，变成现在已经能趴在高空摩托车上驾驶真人摩托，自由地行驶在高空钢丝上的英雄了。

黑笨笨："嘿，我可是小飞侠，在高空钢丝上骑车的第一只黑熊，登高望远的感觉还挺不错嘛！"

可就在黑笨笨最得意的时候，意外发生了。

这天的表演，笨笨刚走到钢丝的一半，就把油门给踩熄火了，车怎么也启动不起来，就停在了半空中进退不得。摩托车在钢丝中央停留了约 15 分钟，大伙就怕停留在半空中已经躁动不安的黑笨笨，会从摩托车上翻身摔下来。

黑笨笨："太可怕了，驯养师叔叔快来救救我，万一摔下去怎么办啊？"

15 分钟后，大伙用绳子把摩托车拉了回去。摩托车怎么会在空中熄火的呢？李闯觉得很奇怪，首先在摩托车上寻找原因。为了保证黑笨笨的安全，这次以后驯养师把油门控制改到了摩托车的下面，由下方悬挂着的人去控制摩托车的运行。而黑笨笨只需要坐在摩托车上别乱动就可以顺利表演了，在观众看来，观赏效果和惊险程度都是一样的。

可是到了第二天，细心的李闯发现黑笨笨有些不对劲，"早上起来我去笼舍看它的时候，发现它蜷缩在拐角角落里，喊它，它也只是抬起头，无力地看我一下，也不理我"。一查，笨笨发高烧了，烧到四十多度！

黑笨笨："吓死我了，再也不想上那个高台了，再也不想做什么超级明星了！我浑身上下哪儿都不舒服，整天打不起精神，也不想吃东西。看见我难受的样子，驯养师叔叔别提多心疼了！"

李闯也吓坏了，看着它那样子，就"好像自己发高烧一样，天天也不知道自己该干点什么”。这都是因为从小把它一点点带大，感情很深了。

黑笨笨：“这次可真是把驯养师叔叔给吓坏了，他赶紧把兽医都给叫来了！虽然我特难受，可看见他这么在乎我，我这心里甭提多温暖了！”

经过检查，兽医告诉李闯，黑笨笨是受了过度的惊吓。从那天以后，李闯便停掉了所有的训练，每天陪着黑笨笨。直到有一天，李闯早起去笼舍，发现黑笨笨已经早早地在笼舍门口等着了。黑笨笨的病已经彻底好了。可是，它还是走不出熄火事件的阴影，不敢再重新开始表演。李闯只能每天陪在它身边，开导它、鼓励它。在李闯眼里，黑熊并不像别人想象的那么笨，它和人之间也有情感，人的喜怒哀乐它也能体会得到。

4．成功的公演

慢慢地，一切恢复了正常，笨笨又能登上高台了。

终于，正式公演的日期到了，黑笨笨一步步走向表演舞台，走向自己的明星梦。

黑笨笨在学会高空飞车后的第一次公开演出，表演非常成功。台上一分钟，台下十年功，想要做到这么精彩的演出，没有经过长时间大量的训练那是根本做不到的。驯养师就在饲养黑熊的过程中，像伯乐一样发现了黑笨笨这匹黑马，虽然它比其他的黑熊反应慢、动作迟缓，但是它胆子大，比其他黑熊稳重、冷静。正是因为它的这种“笨”，驯养师在五十多只黑熊中，发现了它的与众不同，才有了现在这样精彩的节目。

笨笨的高空飞车表演看起来很惊险

（汤菲）

揭开蟑螂的秘密

有一种动物比恐龙还要早地出现在地球上。据考证，在3.5亿年前，它们就出现了。在真空环境里，它们可以存活至少10分钟。据说，核爆炸之后，只有它们会是唯一的幸存者。

这种动物有着两根长长的触须，身体有着坚硬的外壳。它们喜欢在黑暗中生活，一见到光，马上就四处逃窜，转瞬即逝。

对于这种动物，人们是深恶痛绝的，因为它们不仅散发臭味，还会传播疾病。多少年来，大家对待它们的唯一态度就是采用各种各样的方法消灭它们。

但是有一位年届七旬的老先生，对待这种动物的态度却和大家完全不一样，他把它们看作是自己的朋友，不仅不舍得消灭它们，还好吃好喝地养着它们，而且这一养就是40多年。说起来你可能根本不会相信，现在，这种动物正在给他带来源源不断的财富。

1. 药中的蟑螂

李树楠，云南大理学院药物研究所所长。说来也许难以令人置信，70岁的李树楠用了45年的时间一直在研究一种动物，到目前为止，这种动物已经给不少人带来了源源不断的财富。那么，这到底是什么动物呢？

先说说美洲大蠊吧。所谓美洲大蠊，实际上就是蟑螂，学名叫作“蜚蠊”，也叫作“小蠊”，它是一种十分古老的昆虫。蟑螂最早来自北非，后来跟随着一个非常善于航海的民族，即腓尼基人的船，先是在地中海中航行，然后抵达欧洲，从欧洲又传遍了全球。

提起蟑螂，大家都知道它到处传播病菌，吃我们人的东西，还繁衍出很多小蟑螂，非常令人讨厌。在大多数影视作品中，都是把蟑螂当作坏的典型来处理的。比方说美国科幻电影《黑衣人》当中，第一集里那个吃了地球人，然后把地球人的皮套在自己身上的大怪物，就是将蟑螂的形象整个放大之后，原封不动搬上银幕的。蟑螂这个东西人见人恨，人们恨不得能想出一种办法，把全球的蟑螂都给它干掉，让它灭绝！但这不太可能。

李树楠是怎样开始关注蟑螂的？又是怎么把蟑螂这种害虫转变成财富的？

大理古称“叶榆”，今天的大理古城也称“榆城”。大理是白族人的

蟑螂出现在地球上比恐龙还要早

在 3.5 亿年前，它们就出现了

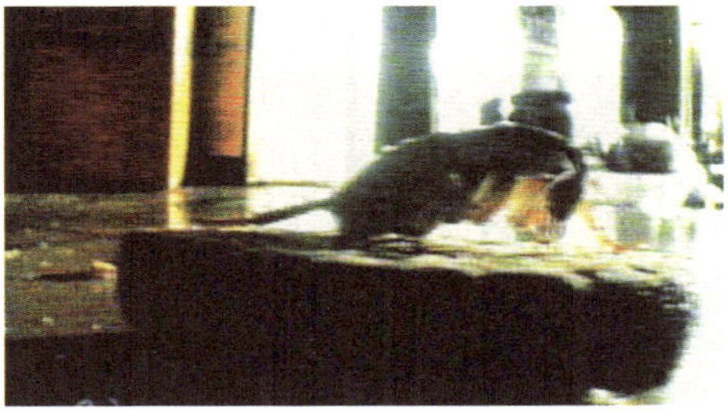

在真空下，它们可以存活至少 10 分钟

据说核爆炸之后，只有它们是唯一的幸存者

主要聚居地。1968年，刚刚大学毕业的李树楠就住在一个白族老乡的隔壁。这个白族老乡是靠挑水卖水为生的，后因摔了跤，髋关节处生了骨结核，骨结核外面的皮肤上也就出现了一个瘘管，这个瘘管颜色发黑，有一个很深的管道通下去。

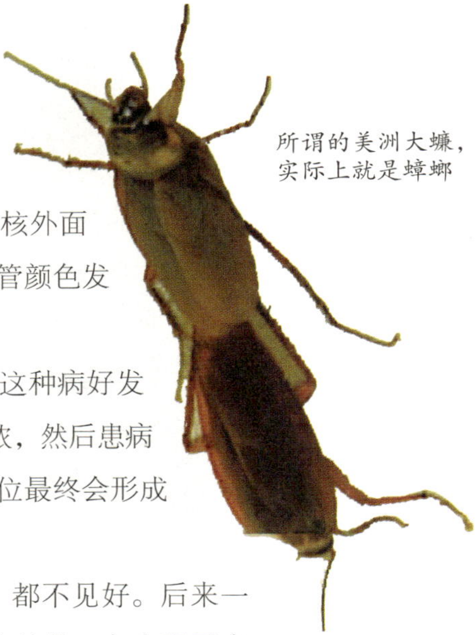

所谓的美洲大蠊，实际上就是蟑螂

骨结核就是中医所说的“骨痨”。这种病好发于骨和关节部位，得了这种病，先是化脓，然后患病的部位会逐步溃烂，时间一长，病变部位最终会形成瘘管，难以治愈。

这位白族老乡用了很多西药治疗，都不见好。后来一个少数民族的老太太给他找了一包草药外敷，竟出现了奇迹——那个结核性的瘘管长出了鲜红的肉芽，且肉芽组织生长得特别快，大概不到两个星期，那个瘘管就愈合、长好了。因为这个老乡是个孤寡老人、五保户，家里没有其他人，出于同情，换药的时候，李树楠就去帮忙，在帮忙的时候就发现了这个奇特的现象。

学名叫作“蜚蠊”，也叫作小蠊

蟑螂最早来自北非

李树楠是学医的，他知道骨结核瘘管是一种非常难治的病，用药物治疗，只能控制住瘘管的生长蔓延，要想彻底治愈这种病必须通过手术。为什么一个普通农村老太太的一包草药就能够让一种难治的病出现意外的奇效呢？

带着好奇，李树楠找到了那个送药的老人，向她请教药方，老太太并没有把答案告诉他。后来，李树楠留了个心眼。给邻居换药之后，他把换下来的药渣子带回了家。到了晚上，他就开始琢磨这份草药里的成分，用镊子把碎渣一点一点夹出来。大概花了两个多小时，他发现，这药里有昆虫的脚、翅膀，还有昆虫破碎的内脏。等把这些东西拼起来以后，他惊觉，竟是一只蟑螂。

药里面居然会有蟑螂，听起来真是令人瞠目结舌。若在饭馆吃饭，在盘子里发现蟑螂，尤其是残缺不全的，会让人觉得十分恶心。

其实，说到动物入药，大家能够想到，中医里面就有很多这样的例子。少数民族当中，这样的例子恐怕也不少。不过，将蟑螂入药真的是闻所未闻，猛一听让人有点接受不了。实际上，不仅白族人这样，就是在彝族人中，人们也有这种习惯。他们往往会将蟑螂晒干，碾碎成粉末之后，把它敷在伤口上，尤其那种久治不愈的伤口。用这个办法效果特别好，而且屡试不爽。所以，当地人对这个方法特别地信赖。

2．蟑螂的秘密

说到蟑螂，那真是一个很庞大的家族。全世界大概有 1 万种蟑螂，中国有 200 多种。其实，这些蟑螂绝大部分都生活在森林里，以枯枝败叶为食。真正令人生厌的，仅限日本大蠊、美洲大蠊、澳洲大蠊、德国小蠊等几种。

对于蟑螂的观察和研究由来已久。据报道，美国科学家在俄亥俄州东部的一个煤矿里发现了一块琥珀化石，该化石被地质学家用碳 14 法进行检测，经鉴定已有 3 亿年的历史，但是就在这块琥珀的中心，有一个昆虫，它的形状几乎和现在的蟑螂完全一样。这块化石现存于英国地质博物馆。

蟑螂

3亿年以前的蟑螂竟和现在人们所见的蟑螂形状基本一样，只是今天生活在美洲的蟑螂体长为3.8厘米左右，而古蟑螂却有8.9厘米，这足以证明它们能够适应地球的变化。生物总要进化，从3亿年前到现在，一般来说外形可能会有很大变化，但是蟑螂却没有，为什么？这说明蟑螂的体内一定有一些特殊物质，能够适应地球环境对它的伤害。

这些特殊物质强烈地吸引着李树楠关注起蟑螂来。蟑螂是生物进化史中成功的例子之一，它们逃脱了恐龙的统治，在3.5亿年的时间里蔓延到整个地球，即使是能杀死人类的放射线也无法置它们于死地。它们在进化过程中拥有了能够抵抗有毒物质的防御能力，只需要六代就能够对杀虫剂免疫。放眼全世界没有一种杀虫剂能对蟑螂有长时间作用。收集到的关于蟑螂的信息越多，李树楠对蟑螂的好奇也就越大，蟑螂到底还有哪些不为人知的秘密呢？

也许会有过这样的经历，家里发现了蟑螂，一脚踩下去，明明感觉到已经把它踩在脚下，可当抬起脚来再找尸体的时候，却发现蟑螂早已逃之夭夭！科学家发现，蟑螂的再生能力非常强，不仅在身体受伤之后，能趁人不备，迅速逃走，即使在它被斩首以后，还能够存活9天。国外曾有生物学家根据蟑螂的生态习性下了一个定论：如果一旦发生核爆，在此区域内的所有生物都会消失殆尽,只有蟑螂不会灭绝！因为它的生存力极强！

李树楠还发现蟑螂什么都吃，是杂食性的，甚至饥饿的时候可以吃报纸、啃书，即便是在没有纸和书可以吃的时候，仍可以吃赛璐珞，也就是以前的唱片。它生命力特别强，饿都饿不死它。

没有食物，蟑螂可以存活1个月，没有水，蟑螂还能存活1个星期。所以，假如您看到无头的蟑螂在地板上爬来爬去时，您也大可不必惊声尖叫，因为蟑螂即使没有头也能活上1个星期，甚至还能生儿育女。

不仅如此，蟑螂组织修复的本事也不小，很多顽固的、难以治愈的伤口只

李树楠好吃好喝地养着它们，一养就是40多年

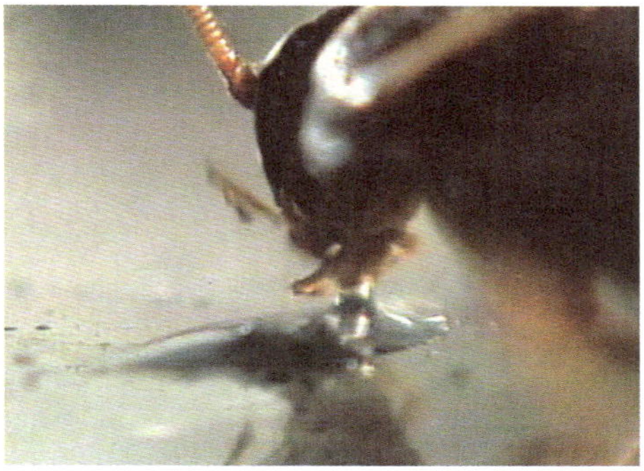

对于这种动物人们深恶痛绝

没有食物，蟑螂可以存活一个月

要敷上些蟑螂烘焙之后的粉末，就能彻底好转。在民间，这个方法多少年来一直流传着，在《本草纲目》《中国药用动物志》等典籍中，李树楠就看到了很多相关记载。

其实，昆虫拿来做药用，在我们国家已经有2 000多年的历史了。最早的文献可见于《周礼》。《周礼》里面有这么一句话："五药，草木虫石谷也。"这就说明那个时候虫子已经被人们拿来做药了。到了李时珍的《本草纲目》里面，有106种虫子可以入药。《本草纲目》上说，蟑螂有活血、治疗毒疮等作用。现在的中医里面有300多种虫子可以入药，像蚂蚁、蜜蜂，还有本文所说的蟑螂，甚至苍蝇、家蚕、土鳖等都可以入药。

3. 饲养蟑螂

也许有人会想到这个问题：蟑螂有这么多好处，为什么不多养点来赚钱呢？其实转念一想，蟑螂这东西真的很恶心，而且身上携带着很多病菌、病毒，还有寄生虫卵。虽说这东西治疗伤口的效果非常好，但如果手上划了一下，当真自己抓只蟑螂，把它晒干了，碾碎了，再把末儿撒到手上，恐怕100个人里面99个人都不敢用。因为蟑螂这东西太脏了。由于到处爬行，它们沾染和吞入了很多病原体，再加上有边吃边拉的恶习，从而成为一些病原体的机械性传播者。要是直接这么用上去的话，恐怕不仅伤口不容易好，还很有可能感染其他的疾病。

面对这个难题，学习药理的李树楠决定采取一种科学的方法饲养蟑螂，然后再把蟑螂体内的有效成分，一个一个地分离出来。在云南很多老百姓家里，都有一种叫作“美洲大蠊”的蟑螂，这种蟑螂体呈红褐色，体长在2.5~4厘米之间，是室内最大的蟑螂。经过筛选，李树楠决定养殖这种居家蟑螂里的大个头。

蟑螂原是生活在热带的昆虫，非常怕冷，当温度下降到0℃以下的时候，它的生命就受到严重威胁，甚至会死亡。到了冬天，它多半会在有取暖设备的房子里活动。鉴于蟑螂喜欢选择温暖、潮湿、食物丰富和多缝隙的场所栖居，李树楠找来一只自己装衣服的木箱，把衣服拿走，腾出地方来饲养蟑螂。为了防止衣箱太憋闷，蟑螂喘不过气来，李树楠还在衣箱上面开了几个通气孔，专门设置了投放食物和水的地方。在饲养蟑螂的同时，李树楠开始准备试验用的仪器。但这时，问题也来了。

那是最困难的时候。试验刚开始，总不能首先就用人做试验，要先找动物做试验。做动物试验的时候，需要有一支注射器。可买了注射器以后，消毒盒、纱布、止血钳、剪子、镊子、显微镜、离心机，还有实验动物等，这些必备的东西就没有钱买了。

全世界大概一共有1万种蟑螂，我们中国有200多种

它的生命力特别强，饿不死

说实在的，李树楠那个时候是真穷，他连一个煮沸用的消毒盒都买不起。可这难不倒他，他把自己的喝水缸子贡献了出来，洗干净之后，用它来蒸煮自己使用过的针头、注射器。但是，有些东西，诸如离心机、显微镜什么的，不是用土办法就能制造出来的。所以，对于李树楠来说，设备确确实实是一个很头疼的问题。

最后钱不够，李树楠竟然想到了卖血。随着试验的一步步推进，需要的设备也越来越多。那些年，晚上回到家他就做试验，天一亮，他又要赶到码头、车站做搬运工，一拿到钱，他就会跑去买试验设备。到入不敷出、实在拮据的时候，他又跑去卖血。日子一天一天流逝着，李树楠的蟑螂也越养越多。但这时，新的问题又出现了。

4. 十年磨一剑

诚如前文所述，蟑螂有着非常好的治疗伤口的疗效，李树楠决定从蟑螂的身上提取这种有效的化学成分。蟑螂很容易找到，它的生命力非常顽强，同时繁殖量又很大,所以养蟑螂并不是一件很难的事情。但蟑螂体内的化学成分复杂，到底是哪些成分对于疾病的治疗在起作用？哪些成分又可以抛开不计呢？在很长一段时间里，蟑螂体内化学成分的分析工作让李树楠一筹莫展。此外，有效成分的提取工艺也是非常复杂的，而他自己，一没经费，二没技术，他愈发深切地感受到，一定要组织一个团队，一定要请有高水平的化学分析能力的人来参与这个工作。终于，一个偶然的机会，他找到了中国科学院昆明植物研究所，找到了一位很有能力的研究员——胡忠教授。胡忠教授对生物化学方面有很深造诣，他们植物研究所的设备在全国也都是公认的一流。后来，当他找到胡忠教授时，两个人真是志同道合。若用两个字来形容李树楠当时的心情，那就是：高兴。

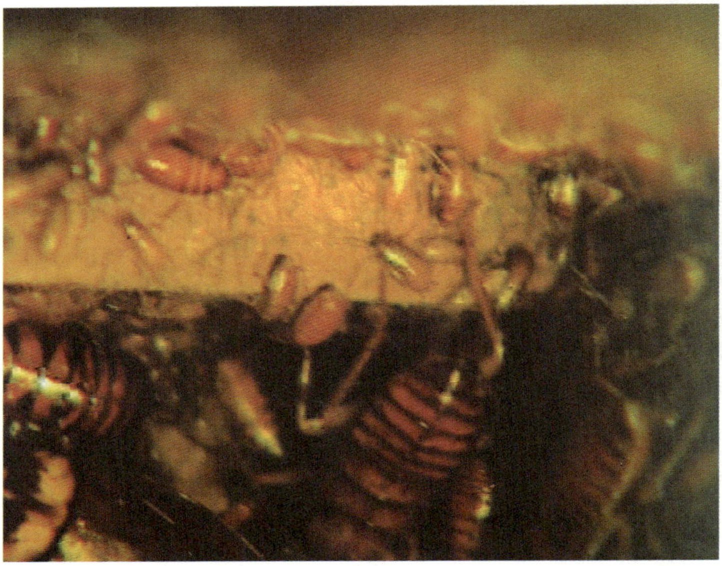
蟑螂原是生活在热带的昆虫，到了冬天，多半会在有取暖设备的房子里活动

后来，又陆陆续续有一些年轻的同志加入了进来。经过10年左右的研究，他们终于从蟑螂身上提取到了这种有效成分，并且把它制成了中药制剂。这种中药制剂的疗效真的有想象中那样好吗？

按照国家规定，一种新药只有在动物

正是由于蟑螂到处爬行，成为一些病原体的机械性传播者

身上试验成功之后，才可以正式批准进入人体临床试验阶段。在正式人体试验之前，李树楠决定自己先来以身试药。这个过程可以说是“惨无人道”的。他用电烙铁把自己的腿烧伤，伤口大概有一枚橄榄大，像一个洞，然后滴上这种名为“康复新”的药以后，第二天红肿就消了，第三天新的肉芽就长起来了，大概一个星期到 10 天，整个修复了，最后只留下了一点很轻微的疤。

随着试验的成功，市场上对这种药物的需求也越来越大，狭小的试验室肯定是无法满足这种需求了。在获得国家专利证书和新药证书之后，李树楠就把蟑螂的养殖技术和提取工艺转让给了国内的制药厂。目前在国内有 4 家药厂在大规模地生产着这种药物。据其中一家药厂提供的数据显示，每年产值就在 4 200 万元人民币左右，非常惊人，所以说在大理、西昌，养殖蟑螂已经成为一项新兴的致富技术，越来越多的人开始饲养蟑螂，并且从中受益。现在蟑螂在

现在大理、西昌，养殖蟑螂已经成为一项新兴的致富技术

这些地区被大规模地饲养。李树楠为大家提供养殖的饲料配方，养殖人员主要负责喂养和照顾这些蟑螂。

可以说随着这个项目的深入人心，越来越多的人改变了以往对蟑螂的认识，越来越多的人开始用科学的方法饲养蟑螂，蟑螂也为大家创造了财富。

（张世敏）

獒“妞”选亲

藏獒妞妞欲选亲，出身名门郎难寻；

凶猛异常小霸王，花落别处不是君。

出身名门的藏獒妞妞两岁了，为了给它找合适的公獒婚配，妞妞的主人陆华费尽了心机。在几经周折终于准备选定凶猛异常的公獒小霸王时，选亲的结果却让所有人大吃一惊。为什么一条藏獒的选亲历程这么艰难？为什么选中的如意郎君狼狈不堪？是妞妞“逃婚”？还是另有隐情？

1. 出身名门的妞妞

出身名门的藏獒妞妞今年两岁

现在许多人都喜欢养宠物，其中有一些人尤其喜欢养体形巨大性格凶猛的藏獒。对于他们来说，藏獒不仅是宠物，也是他们的好伙伴，虽然凶猛异常，但是对主人忠心不二。在北京有一位名叫陆华的超级獒迷，养藏獒已经十几年了，养獒的知识没有他不知道的，但是这次却有一件事让他为难了。

陆华养的藏獒名叫妞妞，今年两岁，是一条母獒。妞妞没有彪悍的体魄和长长的鬃毛，性格也非常温顺，在一般人看来和普通的狗没什么两样，但是谁会想到妞妞却是出自名门。

陆华（北京獒迷）：“我有一张图片，这张图片就是当初西藏给清朝上供的那只藏獒，是给康熙的贡品，康熙就请欧洲的油画家把它画下来。这张图片上的藏獒和我家妞妞从体格和外观上看起来非常相似。妞妞不仅是外表好，而且它血统也非常好。”

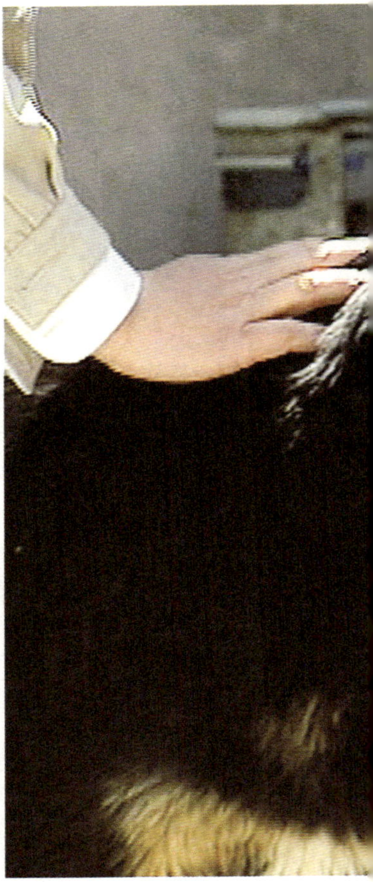

由于出自名门之后，陆华对妞妞这两年可是好得没话说，每个月仅是上好的狗粮就要花近千元钱。现在两岁的妞妞已经到了发情期，陆华准备第一次为妞妞选婿。听说这事，许多獒迷都希望用家养的名犬与妞妞结亲，甚至有的出价 10 万。但是陆华一个也没看上眼。原因只有一个，就是要为妞妞找一只真正的纯种藏獒。

陆华：“因为在西藏特定的高海拔地区环境，藏獒特有的体魄和特有的素质，在杂交了以后，就很难保持了。按照血统的要求，我尽最大的努力去把住这个关。”

藏獒是由一千多万年前的喜马拉雅巨型古鬣犬演变而来的高原犬种，它曾是青藏高原横行四方的野兽，直到六千多年前，才被驯化，开始了和人类相依相伴的生活。据说一只纯种成年藏獒可以同时打败 3 只狼。作为人类的朋友，藏獒得到了许多当之无愧的称号，古人说它是“龙狗”，乾隆皇帝说它是“狗状元”，藏民说它是“森格”（狮子），藏獒研究者们说它是“国宝”。公元 1240 年，成吉思汗横扫欧洲，把跟着他南征北战的猛犬军团的一部分——三万多只藏獒留在了欧洲。这些纯种的喜马拉雅藏獒，在更加广阔的地域杂交繁育出了现存于欧亚两陆的几乎所有大型凶猛犬种。

妞没有彪悍的体魄和长长的鬃毛，性格也常温顺

妞妞的主人陆华为了给它找合适的公獒婚配费尽心机

按理说藏獒原本只是生活在青藏高原，但是由于藏獒的凶猛和忠诚，这些年从高原开始传入内陆地区甚至海外。不过也是随着藏獒的外传，纯种藏獒越来越少。市面上的藏獒大多是杂交品种，其凶猛程度大为降低。因此一只纯种藏獒变得价值不菲，往往从几十万元到上百万元不等。难怪陆华一直找不到真正配得上妞妞的纯种藏獒。

眼看着妞妞的发情期就要到了，这可急坏了爱獒如命的陆华。因为狗的发情期一年只有一次，时间也就 10 多天。两岁的妞妞正是到了“女大当嫁”的年龄，陆华可不想错过为妞妞找配偶的好时机。他听说在北京通县有一个叫刘含军的家里养着十几条成年藏獒，于是就抱着碰碰运气的想法带着妞妞赶去了。

2. 王牌藏獒“小霸王”

妞妞的体格、外观跟图上藏獒非常相似

藏獒是由一千多万年前的喜马拉雅巨型古鬣犬演变而来的高原犬种

刚一进院，陆华就被十几条巨型藏獒的狂暴吼声吸引住了。

在主人刘含军的带领下，陆华仔细询问和察看了这些形态各异、性格不同的成年巨犬。虽然这些巨犬个个身材魁梧，凶猛异常，但是看着看着，陆华不禁感到怀疑：这些都是纯种藏獒吗？

陆华：“从外貌上看的话，藏獒的嘴是方形的，因为青藏高原冬天很冷，它都披着长长的毛。耳朵有时候是看不见，耳朵外头本身也有毛，里面又有毛，藏獒的耳朵呈倒三角形，它的耳尖是一个圆弧形。它的眼睛炯炯有神，它的前腿像树干一样粗壮，后腿微微弯曲，而且爪子一定要能够并到一块，像护爪似的。”

从外形上来看，这些藏獒都很符合纯种藏獒的基本特征，但是没想到陆华却有着自己独特的标准。

陆华：“它有一个挺明显的特征，是一般的杂交狗和一般内陆地区的狗所无法代替的，就是它有强有力的爆发力。这种强烈的爆发力来自什么呢？就是来自于强壮的胸肌和它纯正的血液。只有具备这些条件之后，它那种静止中难以发现的爆发力才能具备。只有西藏特定的生存环境，经过进化，经过上百年甚至上千年的时间，才进化到现在这种程度，这是一般的狗所比不了的。”

由于这是为妞妞第一次选婿，陆华非常谨慎。挑来挑去，这些藏獒哪个也没中陆华的意。远远观看主人为它选婿的妞妞，不知是因为发情期的缘故，还是也对这些藏獒看不上眼，一脸不耐烦的样子，急得直咬铁笼子。这让为自己拥有几十条纯种藏獒而骄傲的刘含军失望不已。难道这次相亲又要泡汤了？为了维护自己作为超级獒迷的尊严，刘含军狠了狠心牵出了自己的王牌藏獒——

小霸王，原本心灰意冷的陆华看到小霸王时，不由得眼前一亮。

陆华：“第一眼你看到它，脑子里闪现了——西藏的藏獒就是这样，给你第一感觉就是非常粗壮、魁梧。它不仅强壮，还保留了强大的爆发力，它那种爆发力仅仅是在战斗中才能体现的。因为你和它一接触，即使它只是站在那里，静止不动的时候，那种爆发力仍然能体现出来，这是难得的。”

粗壮的四肢、浑圆的腰身、宽大的嘴巴以及那尖利的牙齿都证明了这是一只真正的纯种藏獒，不仅如此，陆华更欣赏小霸王那强悍的爆发力和充满战意的眼神。看着这只凶猛异常的小霸王，陆华有一种说不出的喜爱。然而喜欢归喜欢，虽然陆华嫁“女”心切，但是小霸王是否也像妞妞一样具有高贵的血统呢？

俗话说“十犬一獒”，什么意思呢？就是在 10 条犬里面才能挑出一条好犬，獒也是狗王的意思。在藏獒里面也有好坏之分，陆华看上的这只小霸王，是刘含军所养的最凶猛的藏獒，也是刘含军最珍爱的一只藏獒。为什么这么说呢？因为刘含军以前养的最好的一只藏獒叫苏莽，苏莽产自藏区，是公认血统非常纯正的獒中之王，曾在全国藏獒比赛中获得过冠军，在那次比赛后刘含军花重金买下了苏莽，并一直精心护养。没想到才过半年，苏莽得重病死去，这让刘含军心痛不已。没有办法，刘含军只得辗转买到了苏莽之子，这就是小霸王。

藏獒

带回家的小霸王虽说在刚买时身板比较瘦小，但却是一群小藏獒里面最凶的一个。没出 3 个月身板就相当粗壮，而且攻击性相当强。当时刘含军家里还养着一只成年“苏丹红”，他怕当时只有几个月的小霸王受到伤害，没敢放在一起，没想到小霸王一鸣惊人。

刘含军：“这只‘苏丹红’从小就欺负小藏獒，小藏獒在11个月的时候，身高也就有六十二三厘米，‘苏丹红’是将近70厘米，体重是46千克。在12个月的时候，这只小藏獒跟它发生冲突了，我想看看这只小藏獒凶到什么程度，结果一个照面，一口就逮着‘苏丹红’的耳朵了，然后往下一拧‘苏丹红’的脖子，46千克重的‘苏丹红’给悬空转了一圈，当时我非常吃惊。”

藏獒直到六千多年前才被驯化，开始了和人类相依为命的生活

了解到小霸王的传奇经历，陆华知道这次相亲八九不离十了。然而为爱犬选婿，可是马虎不得。为了更深入地了解小霸王的身体状况，陆华让刘含军依次测量了小霸王的各项身体参数。

陆华：“我让刘含军去量，它的身高是67厘米，它的骨直径粗是6.5厘米，也就是说如果除去它的皮跟肉的话，骨径至少应该有5厘米。还有小霸王的嘴很宽，嘴的整体宽达到7.5厘米。”

作为人类的朋友，藏民说藏獒是“森格”（狮子）

刘含军：“据说它的咬合力300千克，反正它的咬合力非常大。”

有一次，刘含军有一位天津的朋友到他这里来观赏藏獒。这位朋友想试试藏獒的力量，就拿起一块杨木板来试探，小霸王一口把那块杨木板咬得粉碎。

与藏獒的咬合力比起来，人在撕扯肉食时，能爆发出80千克的咬合力。而一只成年藏獒的咬合力，竟能达到惊人的300千克。这和藏獒的牙齿结构有关，藏獒与其他犬类的身体差异，在于臼齿，一般犬类的臼齿已经进化成了杂食动物的研磨臼齿，而藏獒还保留着非肉食动物特有的切割臼齿，再加上宽大的上下颚骨，所形成的杠杆力，藏獒能在瞬间爆发出惊人的咬合力。

测量的结果让陆华十分满意。但是越是这样越让陆华纳闷，既然小霸王这么优秀，为什么一开始不让他看呢？是金屋藏娇还是另有隐情？联想到小霸王的父亲苏莽之死，陆华心里又开始不安起来。万一小霸王有什么遗传病，岂不是害了妞妞。于是，陆华连忙追问起刘含军。没想到刘含军的回答使他的一颗心又悬了起来，原来小霸王真的得过一场重病。

刘含军："有一次我回来以后，发现这只狗打蔫，排便不正常，我赶紧就找大夫去了。"

藏獒的嘴是方形的

兽医："那天老刘急急忙忙找我过来，说这狗拉稀，又拉又吐，并且粪便带血，我怀疑是细小病毒，如果得了这种疾病以后，对小狗的危害相当大，而且这种疾病传播速度非常快，死亡率一般在40%。"

刘含军："我说治好了就治，治不好就把它埋了，别让我看见，我会心里难受的。"

在对小霸王仔细检查后，发现小霸王得的并不是可怕的细小病毒，而是一般的细菌感染。虽然经过紧急治疗，小霸王的命幸运地保住了。但是在刘含军看来，小霸王在他养的小藏獒里面是体质最好的，

藏獒都披着长长的毛

怎么会轻易地被一般细菌打倒呢?

藏獒本来生活在高原地带，生活条件十分恶劣。几千年来它们奔驰在高海拔原野，啸鸣于零下 40 摄氏度的冰天雪地，磨砺在青藏高原的凛冽风土中，正是这样的生活状态使藏獒形成了自己远胜于其他犬类的雄健体魄，同时也遗传了抗病性较强的基因。但是当藏獒被引进到内陆地区后，虽然在主人的精心喂养和护理下生活条件大为改善，但是生活条件的改变并没有使几千年来保留下的生活、生理习性随之改变，尤其对于像小霸王这样的纯种藏獒，它的适应性反而比不上经过杂交的藏獒。另外，内陆地区的一些病菌病毒，比如犬瘟和细小病毒，在高原上存活能力相当差，很难引起狗的感染或传染，而在内陆地区有适合这个病毒的生长环境，感染的危险性非常强。小霸王虽然体质强健但也抵抗不了环境的影响。

在得知小霸王得病的原因后，刘含军才意识到是自己在外面，尤其是经常去狗市带回的病毒害了小霸王。从那以后每次外出回来，刘含军都要换上新的工作服才去看他的藏獒，为了避免其他人不注意卫生再次让小霸王感染病毒，刘含军很少让小霸王与外人见面。这也就是最初没让陆华见小霸王的原因。

3. 一见钟情

听到刘含军的解释，陆华悬着的心终于落了地。然而让他意料不到的是，当把妞妞拉出来准备让它与小霸王接触时，妞妞似乎被凶暴的小霸王吓住了，死活不敢靠前。面对这一情况，陆华却做了一个让人吃惊的决定。

陆华：“小霸王应该是比较理想的，但是我没有用它配种，这次我用的是他家的‘毛毛’。为什么这样选择种犬？我比较重视血统，妞妞虽然它的个体比较大，它的父亲，它的上代我知道了，那么它的遗传怎么样，我不清楚，要判断它，必须得养出小狗才能鉴定。这个血统成本是很高的，鉴定一只狗的血统，我们就选择‘毛毛’，‘毛毛’是非常好的狗，是典型的西藏牧区的狗，比起小霸王来，‘毛毛’不如它有爆发力，这也很正常，一是妞妞今年头一次怀孕，这方面差点没关系，岁数稍微小一点，我这次用‘毛毛’来配种，先让妞妞有点哺育经验。”

一头长发的“毛毛”被拉了出来，虽然它不如小霸王凶猛，但是似乎更中妞妞的意，看来第一次恋爱的妞妞更容易被表象所迷惑。看着妞妞与“毛毛”一见钟情的样子，陆华和刘含军知道，这次的相亲成功了。

强扭的瓜不甜。虽然陆华这次为妞妞选亲，小霸王的最终落选让人有些失望，但是他的做法确实很专业。因为繁殖出来的一窝小狗如果说比较杂乱，比如说毛色体形差异较大，这就说明母狗本身基因不纯，可喜的是妞妞在与毛毛相处后，产下的9只小藏獒都非常整齐，不但毛色鲜亮而且十分健康，这就证明了妞妞纯正的基因血统。下一次妞妞就要与小霸王结合，大家都在期待新的獒中之王的诞生。

粗壮四肢、浑圆腰身、宽大嘴巴、尖利牙齿都证明这是一只真正的纯种藏獒

藏獒的咬合力惊人，一块杨木板一口能咬得粉碎

（张敏）

草原集训营

一场罕见的草原鼠灾，拉开了人鼠大战的序幕——

各种招数一一上阵，但都无济于事，

危难关头，一群特殊的勇士挺身而出，

它们是谁？又有怎样的超群本领？

最终能否扭转乾坤？

某年秋天，一场罕见的鼠害在宁夏的草原上刮起了一股黄色旋风。只要是老鼠经过的草地，几乎全被啃光，一只老鼠一天要吃一斤的草，相当于它自身的体重。面对来势汹汹的鼠灾，人们使用了各种招数，但都一一落败，究竟谁能拯救草原？就在山穷水尽的时候，一群特殊的勇士挺身而出，它们在草原集训营里经受了怎样的磨炼？又发生了哪些一波三折的故事？它们最终真的能扭转乾坤吗？

一场罕见的草原鼠灾

1. 草原鼠害

某年在宁夏发生了一场草原鼠害。这种老鼠看起来憨呆呆的，好像很可爱的样子，实际上它却是草场的大敌。如果成千上万只聚集在一起时，那个

这种老鼠看起来可爱，实际上是草场的大敌

场面是非常让人生厌的，而且它的食量很惊人，个头又很大，它们所过之处所有的草都能被啃个精光。到底是什么原因让草原上突然出现了这么多的老鼠呢？

灵武市采东镇是宁夏较早发现鼠害的地方，老鼠猖獗地啃食牧草，不到一周时间，牧民居住地周围大片的草场就被啃光了。据草原管理部门观测，一亩草地上，老鼠少的有500多只，多的有上千只。

牧民："严重的时候，能把草场里面的草咬倒一大片。"

这是一群怎样的老鼠呢？它们的大名叫黄鼠，是一种草原鼠类，喜欢吃植物最嫩的部分，常常把植物的管心抽掉，甚至把草根都啃得一干二净。它们的食量大得惊人，像这样一只成年黄鼠，一天要吃500克的草，相当于它自身的体重。牧民告诉我们，往年这个季节的草原，草都会长到半米多高，而现在大

灵武市采东镇是宁夏较早发现鼠害的地方

面积的草原被老鼠啃食，牛羊将面临牧草短缺的困境。

牧民：“整个草场一点草都没有，我愁得没办法，觉也睡不着。”

另外，黄鼠会以洞口为圆心，向外咬断根苗，使植物成片死亡，这样一来，草原植被将会遭到毁灭性破坏。在一些鼠害严重的地方，甚至形成了大面积寸草不生的“鼠荒地”，从而让这里变成一个巨大的风沙源，如果不加以控制，将有可能导致沙尘暴的出现。专家们指出，发生沙尘暴的主要原因是生态环境遭到破坏。由于人们过度放牧，破坏了草原植被，这为鼠类打洞造穴提供了便利条件，鼠类对植被的啃食，又进一步加剧了草原荒漠化的形成，这就为沙尘暴的发生埋下了隐患。所以，遏止鼠害，保护草原植被是当务之急，人们必须积极应对。首先，捕鼠能手们利用一种自制的捕鼠弓箭来对付黄鼠。这种捕鼠法的关键是设置好弓箭和洞口的距离。

捕鼠能手：“这个三寸多一点，洞口太深打不到；这个洞口过于浅了，老鼠会跑掉，只能打到洞口边上。”

黄鼠要出洞了，往前走，走到洞口碰到了机关，一根机针就激发下来，正扎在老鼠身上，这就是捕鼠弓箭的原理。

用这种捕鼠弓箭，一人一天顶

老鼠一次大概要吃掉 0.5 千克的青草

多消灭 50 只老鼠，速度太慢，所以最终败下阵来。接着，大家又想到了鼠药。于是，草原管理部门迅速购置了大量灭鼠药，投放到鼠害发生地。这个方法果然奏效，几天后，草原上出现了大量老鼠的尸体。但就在人们以为鼠害已经受到控制的时候，意外的情况发生了。半个月后，成千上万只老鼠又出现了。

黄鼠喜欢吃植物最嫩的部分

鼠药明明已经发挥了作用，老鼠为什么又会卷土重来呢？灭鼠专家展开调查，结果却发现了另一个严重问题。

灭鼠专家："由于化学控制的手段污染了环境，破坏了整个草原的动物群落的结构，具体地就是说黄鼠的天敌，现在基本上丧失殆尽，鼠类没有天敌的控制就更加猖獗了。"

看来，化学灭鼠虽然能解燃眉之急，但却破坏了食物链。一般灭鼠主要采用物理灭鼠、化学灭鼠和生态灭鼠等方法，现在，前两种方法都不奏效，那么，生态灭鼠是否可行呢？生态灭鼠的核心内容是利用天敌来灭鼠。在草原上，鼠类有 3 大天敌——老鹰、狐狸和黄鼠狼。但是在宁夏的野外，这 3 种动物都很难见到了，就是因为鼠药在毒死鼠类的同时，也毒死了这些天敌。如果要用老鹰，那首要的问题就是，到哪儿去找那么多的老鹰？有人说可以用招鹰架把鹰招来，这种方法以前在内蒙古大草原上有人用过。招鹰架是用两米高的水泥柱子做的，老鹰可以停留在上面，居高临下地观察地面鼠类活动的情况。一个月后，希望破灭了。

灭鼠专家："就目前来说，鹰的养殖从技术上讲是不允许的，尽管也有人驯化鹰，但是，就是一个人一生也就驯化那么几只，驯化鹰特别费工夫，鹰的野性特别强，没有办法大规模人工繁育。"

2. "狐兵"入选

寸草不生的"鼠荒地"会变成一个巨大的风沙源

利用老鹰捕鼠肯定是无法实现了，那就只能求助于狐狸和黄鼠狼了，但是这两种动物目前在宁夏地区的野外已经很难见到了，就算是找来了，又能怎样啊？它们肯定很难听从人类的话主动去抓老鼠的，这个时候有人灵机一动，提出了一个办法，说是能不能建立一个草原集训营。专门找人来训练这些狐狸和黄鼠狼，然后把它们放到草原上，让它们去消灭鼠害。办法真的是不错，但是做起来估计没有那么简单，因为从来没有人这么干过，但是，事到如今也只能试一试这个办法了。

捕鼠能手们利用一种自制的捕鼠弓箭来对付黄

首先，到哪儿去找黄鼠狼和狐狸呢？经过多方打听，得知在宁夏的云雾山有个种狐养殖场，于是工作人员驱车前往。

种狐养殖场里有 300 多只不同种类的狐狸，但没有黄鼠狼，看来，也只能训练狐狸了，但是，又该挑选哪个品种呢？

这个地方饲养的狐群大概有蓝狐，还有银黑狐。银黑狐，从血缘关系上看，它是赤狐的一个毛色变种，赤狐在宁夏本地有野生的，和本地的生活习性应当说还是比较接近的，所以就选择了银黑狐。

银黑狐更适应本地的环境，而且它们的动作要比其他种类的狐狸灵敏，很适合捕鼠。在选定训练对象后，草原集训营正式成立了。

银黑狐是人工饲养了200多年的狐种，野性基本丧失，最根本的问题是狐狸不知道黄鼠长什么样。面对这群饭来张口的狐狸，第一课该怎么上呢？工作人员认为，既然狐狸们从来没见过黄鼠，那不妨先让它们相互认识一下。

3．集训营中

训练开始了。这只狐狸叫米萨，雌性，它对黄鼠会做出怎样的反应呢？

米萨有些慌乱，而和它面对面的这只黄鼠却显示出良好的心理素质，在草原上，黄鼠从来没见过狐狸，当然也就不会知道米萨是它的天敌。相反，米萨反倒总想和黄鼠保持距离，看上去像个腼腆的客人。

一只狐狸并不能说明问题，接着，饲养员又试了20多只狐狸，结果都一样。狐狸怕黄鼠？这些小狐狸，压根儿就没有捕食活老鼠的意识。放进去以后，它们对活老鼠不理不睬，有的甚至还害怕。黄鼠不动，小狐狸却在里面吓得乱动，有的甚至还“吱吱”地乱叫，觉得好像是突然间来了这么一个东西，对它构成了威胁。

安放捕鼠弓箭

这是工作人员始料未及的，那么，怎样才能让米萨它们尽快地爱上黄鼠呢？有人说，只让狐狸认识黄鼠是不够的，如果让它们尝到黄鼠肉，或许能激起对黄鼠的兴趣。于是，饲养员把黄鼠肉切碎后添加到饲料当中，结果，米萨和它的伙伴们每次都把盘子吃个底朝天，看来，狐狸们并不排斥黄鼠肉。

用这种捕鼠弓箭，一人一天顶多消灭50只老鼠

一个星期后，工作人员想再看看米萨对黄鼠的反应。但是，它还是和以前一样善良，不愿伤害黄鼠。狐狸们明明对黄鼠肉很感兴趣，而且，现在美味就在眼前，怎么就无动于衷呢？是味觉刺激太单一，还是需要一些别的刺激？

第二天一早，工作人员选了一只雄性狐狸，它叫泰当，在整个集训营里，它是出了名的捣蛋鬼。工作人员让黄鼠扒在笼子外面，目的是引起泰当的注意，加强视觉和嗅觉的刺激。

经过反复的视觉、味觉和嗅觉的强烈刺激之后，只有一部分狐狸具备了捕鼠能力，米萨、泰当还有它的50多位兄弟姐妹们都留在集训营里，继续进行训练。现在它们已经可以在笼子里面捕鼠了，但是毕竟现在是在笼子里面，老鼠跑不出去，想怎么抓就怎么抓，到了野外之后，还能不能顺利地抓到老鼠呢？谁也说不清楚，可以说这不仅仅是狐狸们今后要面临的一个很大的问题，同时也是对工作人员非常高的一个要求，因为在此之前谁也没有尝试着驯狐狸去抓老鼠，这件事情到底能不能成功？现在还说不清楚。

4. 自相残杀

狐狸们来到了为它们提供野外模拟生存环境的场所，对米萨来说，这儿充满了陌生、新鲜和恐惧。初来乍到，不太适应，可是没过多久，它就和同伴们嬉戏起来，但是快乐的日子很快消失了，没过几天，米萨的几位伙伴莫明其妙地死了。食物一直都在供应，怎么就会死了呢？人们陷入了猜测当中。一种说法是，狐狸会不会吃了被鼠药毒死的黄鼠呢？但检查了二级训练场后，并没有发现鼠药的痕迹。随后，专家又对狐狸的尸体做了解剖化验，也没有发现鼠药成分，而且，给米萨它们投放的黄鼠，每天都要接受严格的肉质检查。经过综合分析后，人们排除了狐狸被毒老鼠致死的说法。工作人员发现，在狐狸尸体上有一道道血痕，好像被小刀之类的东西刺伤过，难道是人为的吗？如果是这样，那又是出于什么动机呢？

因为狐狸是一种皮毛兽，狐狸也偷吃老百姓家的鸡，老百姓觉得狐狸可能对他的这个利益构成伤害，既然有了利益伤害，那就可能对狐狸生存构成一定威胁。

但是，二级训练场有专人 24 小时看守，米萨它们每天都处于全封闭的环境当中，哪有机会去偷鸡呢？再说，牧民对训练狐狸的举措也非常支持。

狐狸对黄鼠无动于衷

牧民："狐狸抓老鼠，那好得很。"

狐狸现在到山里面来逮老鼠，群众觉得这些狐狸是灭鼠的，对他们的庄稼、家庭的鼠害防治是有益的。所以，狐狸是被人杀害的说法也被否定了。就在大家猜测的这几天里，米萨的伙伴还在不断地死亡。要知道，驯化一只狐狸的成本很高昂，如果狐狸们都死了，之前的努力也就前功尽弃了。

工作人员让黄鼠扒在笼子外面，目的是加强狐狸视觉和嗅觉的刺激

狐狸死亡的真实原因到底是什么呢？于是，工作人员对狐狸展开了 24 小时轮流监控。

工作人员："在观察过程中，我们发现狐狸之间会互相残杀。在残杀的时候，有些强壮的狐狸就把弱的吃掉了。”

工作人员注意到，狐狸们经常厮打在一块儿，米萨也不例外，难道说，它们之间存在着不可化解的冤仇吗?

每个狐狸相对来说，都有它固定的洞穴和活动的范围，地块上分布的狐狸密度变大以后，它们之间就会互相残杀。

原来，狐狸们是为了捍卫自己的领地才相互厮杀的。其实，许多动物都有很强的领地意识，一旦发现自己的领地被侵犯，它们就会奋起保护，而且动物的个体越大，安全距离也就越大。

后来，工作人员就把第二阶段的训练场地适当地扩大，保证一只狐狸有30平方米的活动空间，这样，米萨就不用再为争抢地盘而浴血奋战了。

5. 日夜颠倒

半个月的时间很快过去了，米萨的捕鼠能力似乎并没有长进，主要还是依靠人工饲料维持生计，其他的伙伴也都好不了多少。白天，它们在树下休息，养精蓄锐，到了晚上，才会出来活动，而黄鼠的作息时间和米萨它们完全相反，所以，黄鼠们在大白天显得非常嚣张，尽情地啃食着植被。

为狐狸们提供的野外模拟生存环境

现在工作人员面临着一个很头疼的问题，那就是，狐狸是一种昼伏夜出的动物，它只在晚上出来捕食，但是黄鼠只在白天出来，这两种动物的活动时间碰不到一块儿，那怎么让狐狸去抓黄鼠呢？有人这个时候提出，能不能人为地去打破一下狐狸的生物钟呢？生物钟大家都知道，就是指生

一只狐狸有30平方米的活动空间

物节律，也就是指生物体内的一系列功能和指标会伴随着时间和身体状况产生一些周期性的变化。打乱了狐狸的生物钟，让它变成昼出夜伏，但是专家说生物钟不是轻易就能打乱的，搞不好生物体的各种功能就会紊乱，严重的会导致死亡，这个想法放在狐狸身上到底能不能成功呢？

黄鼠每天有两个活动高峰期，早上9点到11点和下午4点到6点，而这个时候，狐狸们正在休息，怎样才能让它们在白天捕鼠呢？

工作人员："我们就要想办法让狐狸的捕鼠能力，通过人工的训练以后大大加强，同时，改变狐狸这种夜行的习惯，让它的活动期相对集中在白天。"

有人提议，是否可以在黄鼠的活动高峰期给狐狸投喂活鼠呢？这样一来，为了得到美味，狐狸们自然就会在白天捕食了，这听上去似乎有点道理。

早上9点一到，工作人员就抬着装满黄鼠的笼子来投放活鼠。

但米萨和伙伴们却无动于衷。对它们来说，白天意味着休息，而不是捕鼠。一连几天下来，狐狸们仍然保持了昼伏夜出的习性，这该怎么办呢？平时，工作人员除了投喂活鼠，还会为狐狸们提供饲料，米萨它们也正是靠着这些饲料才得以存活的。于是，工作人员狠下心来，立即停止了饲料的供应。

一天过去了，两天过去了，米萨它们和饥饿抗争着。第三天，有几只狐狸一改往日的作风，开始在白天活动了。看来，方法是有效的，但是，绝大多数的狐狸仍然在白天休息，饿了，就嚼两口青草来充饥。日子在一点点过去，一个星期后，狐狸们终于在饥饿的面前投降了，纷纷在白天寻找食物。这时，米萨也从洞里出来了，准备加入捕鼠大军的行列。

就这样，狐狸们的生物钟人为地被改了过来，一个月后，只有一半的狐狸通过了考验，当然，米萨也在其中，它现在已是一名真正具有捕鼠能力的勇士了，它将和14位同伴一起进入集训营的三级训练场，正式开始真枪实弹的生活，这里有更多的未知等待着它们，祝它们好运！

6. 战果辉煌

半个月后，米萨和它的14个兄弟姐妹开始了捕鼠生涯，一个月之后，人们统计发现，当地草场的鼠害密度已经从以前的每公顷420只下降到了现在的每公顷0.3只，真的是天壤之别，可以说在这场战斗中，狐狸占了上风。

但是，很多专家还是告诉我们说，这个可能说明不了什么，为什么这么讲呢？第一，狐狸的驯养费用实在是太高，一只狐狸的驯养费用达到几千元，这个方法看起来大面积推广在经费上就很难承受；第二，如果说狐狸的投放数量出现问题的话，很有可能导致生态失衡，引发新一轮生态危机。这些草场最主要的退化原因是因为人类的过度放牧，所以说，要从根本上解决这个问题，那只有进一步进行退牧还草，恢复当地的生态平衡，让各种动物的数量都处在一个稳定的状态之中，只有如此才能真正保护好美丽的草原。

狐狸成了一名真正具有捕鼠能力的勇士

（王文威）

蛇保姆

农夫无意救起一条受伤小蛇，
9 年中，从袖珍宠物到 4 米巨蟒，
蟒蛇报答恩人，担当保姆角色，
上演一部现实版本的《白娘子传奇》。

1. 救助小蟒

蟒蛇游进客厅，孩子亲蟒蛇头

谈到动物，相信大家都会发现人类和动物的关系是越来越密切、越来越复杂了。一般人在城市里常见的动物无非是些飞鸟、昆虫以及自己家里饲养的一些宠物，这些生物都给我们的生活增添了无限的情趣。

谈到人和动物之间的关系，大家往往能想到有一些动物在帮助人类从事一些工作，比如说警犬，还有信鸽等等。有一种非常神奇的动物——蟒蛇，能给我们帮什么样的忙呢？也许有些人会想到我国一个非常有名、家喻户晓的神话传说故事——《白蛇传》，说的是书生许仙曾经救过一条受伤的小白蛇，这条白蛇化身为女子嫁给了许仙，后来又有和法海斗法等等一系列的故事。这个故事虽然是神话传说，但是很凄美动人。有条蟒蛇，也曾被人救起，不过在这个故事当中这条蛇并没有化身为一个美丽的女子去以身相许，而是在人的生活当中充当了另一个角色。

在海南的一个小乡村，一户普通的人家有这样的画面：男主人和孩子一起打开蛇笼，蟒蛇游进客厅，孩子亲蟒蛇头，躺在蟒蛇身上，父子3人和蟒蛇在床上玩耍。

这条蟒蛇的名字叫作阿财，它是黑尾蟒的一种，这种蛇大多生活在广东、广西、海南和福建一带。阿财在黄开宁家已经生活9年了，黄开宁是海南的一名普通农民，他怎么会和一条蟒蛇共同生活了9年呢？

孩子躺在蟒蛇身上

黄开宁："1996年8月的某一天，我去槟榔园锄草，当时发现它躺在一块石头上，那个时候它是受伤了。"

9年前的那一天，黄开宁像往常一样去自己家的槟榔园砍草，那天天气非常晴朗，黄开宁正在起劲地干活。忽然，他发现了一条小蟒蛇，黄开宁立即伸手将它抓住，他发现小蟒蛇的尾巴受伤了，黄开宁从小就喜欢动物，于是将小蟒蛇带回了家。

孩子和蟒蛇玩耍

在黄开宁的照顾下，小蟒蛇很快就康复了，体重也增加了好几斤。黄开宁与小蟒蛇越相处就越喜欢它，他不想让小蟒蛇离开自己，决定把它留

这条蟒蛇的名字叫作阿财

在家中，于是，试着去找母亲商量。

黄开宁：“妈，我想把这个蟒蛇养在家里，你看行吗？”

母亲：“不可以的，不能把蛇养在家里！”

黄开宁：“我一定要养的！”

蛇不同于一般动物，比较善于攀爬，是依靠腹部宽大的鳞片，以及数目众多的脊椎骨连接肌肉来爬行。蟒蛇以各种动物为食，有时候，连比它的头大几倍的动物都能吞下肚子，非常可怕。母亲当然清楚地知道蟒蛇的这些特性，她是怕这条蟒蛇会伤害到家人或者邻居。虽然遭到了母亲的极力反对，黄开宁依然我行我素，坚决将这条蛇留在自己身边。

大家可能都听过农夫与蛇的故事，许多大人都会拿这个故事来教育孩子：千万不要怜悯同情那些作恶多端的人。有个农夫在冬天把一条冻僵的蛇放在自己怀里，用自己的体温温暖它，没想到蛇苏醒之后恩将仇报咬了农夫一口。黄开宁的母亲同样会担心这类的事情发生在自己的家人身上。虽然蟒蛇和毒蛇不一样，没有毒，但是蟒蛇毕竟也是蛇。它要吃食物，一般大蟒蛇别说小猪、小狗，就是真正的大野猪、鹿甚至是鳄鱼、人，都能吞下去，而且它的消化能力又极强，人的骨头、靴子等都能消化得干干净净。黄开宁的母亲真的很担心，自己的儿子捡了一条蟒蛇养在家里，这是一件多可怕的事情。

黄开宁虽然不顾母亲的反对，将蟒蛇养在家里，但是他也怕蟒蛇真的会伤害到别人，于是决定训练它。

黄开宁：“在我训练它的同时，我是用布把手包起来，包起来让它攻击，它要是咬的话，只会咬到布上，不容易伤到自己，就这样把它驯熟。”

黄开宁对蟒蛇进行的是开放式放养，任它在屋里爬行，也许是经过黄开宁的训练，也许是这条小蟒蛇是雌性的原因吧，它越来越温顺。黄开宁的爸爸也偶尔会和他一起交流驯蛇经验。

2. 蟒蛇“抓”小偷

转眼间，小蟒蛇长成了一条巨蟒。

一个普通的夏天夜晚，所有的人都已入睡，但是这晚对于黄开宁家来说却是不平静的。

小偷：“什么东西，咬住了我！”

听到叫声，黄开宁被惊醒！

听到声音后赶来的邻居和黄开宁一起将小偷扭送到派出所。

奇怪，难道阿财真的是在为黄家看家护院吗？

其实蛇是冷血动物，它在每个季节的表现是不一样的，如果是冬天，大多数蛇都要自然冬眠，在海南也不例外。蟒蛇一般在每年的11月到次年的1月，这期间，它不吃不喝也不动，但是在春、夏、秋季就不一样了，尤其是夏季，它非常活跃，夜里活动频繁，才会将这个不速之客给缠上了。经过这件事情以后，黄开宁的母亲开始对它友好了，做饭空隙看见黄开宁和阿财玩耍，也会凑上前去摸一摸。

黄开宁决定训练蟒蛇

这条蟒蛇是黑尾蟒的一种

发现阿财能为黄家看家护院，黄开宁对阿财就更好了，他觉得把阿财留在自己身边的决定真是做对了！

令人不解的是，这条蟒蛇怎么知道来人是小偷呢？从事蟒蛇饲养工作四十余年的北京动物园两栖爬行馆的刘馆长非常了解蟒蛇的习性，他解开了蟒蛇抓小偷的谜团。

黄开宁对蟒蛇进行的是开放式放养

刘立泉（北京动物园两栖爬行馆馆长）：“蟒蛇不懂得认人，小偷进去就跟它主人进去一样，但是小偷碰到它可能会产生一些特殊反应，就是惊叫、跑，这样没准也许就惊动了蟒蛇把他缠上了。如果不惊动蟒蛇，它也许没有反应。小偷一看见是蟒蛇，吓了一跳，本身人对蛇就惧怕，他一害怕，可能一叫一跑，对蟒蛇有影响，它就可能有一些反应。”

阿财帮黄家抓小偷，立了一大功，黄开宁决定奖赏阿财。这天晚饭后，黄开宁把笼子抬到院中央，给阿财准备了一顿美食。食量惊人的阿财每次进食就是七八只鸡，黄开宁今天还打了一些老鼠，配着活鸡喂阿财，为了不让阿财染上鼠疫，黄开宁往老鼠肚子里塞了些药。

3．蛇保姆

也许是阿财在众目睽睽下有些害羞吧，其实它和所有的蟒蛇一样是用缠绕的方式，一圈一圈地缠紧猎物，猎物每呼吸一次，就会被缠得更紧直到窒息而死。蟒蛇的上颚不会动，但是下颚中间有一个韧带，这个韧带能撑开，下颚关节打开后就像口袋一样，能把整个猎物吞下肚子。

随着时间的流逝，9年过去了，阿财长成了一条4米长、100多斤重的巨蟒，长大后的它平时待在笼子里，当一家人闲下来时，就把阿财放出来一起玩耍。

阿财比黄开宁6岁的儿子小兴坛还要大3岁

阿财比黄开宁6岁的儿子小兴坛还要大3岁，它对小兴坛就像弟弟一样特别纵容，任小兴坛把它冰凉的身体当作床躺在上面，或者将它当马骑。黄开宁看到孩子和阿财相处融洽也感到非常欣慰。

黄开宁："高兴啊，蛇跟孩子玩的时候我也觉得很开心。因为别人家的孩子见到蛇总是很害怕，只有我们家的孩子，会爬到蛇身上，坐在上面要不就是凑得很近，让蛇牵着他。他们俩玩得很熟的，就像兄弟姐妹一样地玩。"

阿财有时候也很调皮，它经常爬到床上和黄开宁父子3人玩得不亦乐乎，有时候黄开宁午休时，它也会爬到他的枕边，悄悄地摆动身体，生怕吵醒了主人。天热的时候，枕着天然的凉枕，黄开宁也睡得特别舒服。虽然说这条蟒蛇看起来很温顺，万一这条蛇的凶性爆发，会不会伤害到孩子呢？

刘立泉："刚开始的时候，蟒蛇还是比较凶的。经过一阵驯养以后，人要老抚摸它、喂它，就形成了一定的条件反射，它对人就没有那么大的攻击力。因为逐渐消除了它的恐惧感，它的反抗举动主要是怕人伤害它，你不伤害它，它就没有什么反应，它慢慢就习惯了，这是一个条件反射的问题。"

主人救过阿财，阿财也尽心尽力地为主人当着一个好的保姆。不过说到底，蟒蛇毕竟食量很大，一顿吃七八只鸡，对于一个农村人来说确确实实负担有点重。黄开宁也一度有过放弃饲养阿财的念头，甚至有一次他打开门，把阿财抱上，搁到野外，对阿财说"阿财你自己走吧，你到野外去找食吧，你再也别回来了。"没想到啊，48天之后黄开宁回家打开门一看，哎，阿财又回到屋里待着了。黄开宁当时是哭笑不得，他不明白为什么，只是觉得恐怕是阿财跟我感情太好了，舍不得离开我，所以又回到我的家中，从此他再没有动过抛弃阿财的念头。

不过蟒蛇毕竟不等同于一般的哺乳动物，很难说它是用那个不发达的大脑，和人类建立了一种特别亲近的感情。那么它是怎么回到家中的呢？蟒蛇是靠蛇芯子还有它的颊窝作为一种判别方向，感知外部事情，尤其蛇芯子本身就是一种精妙的感知器官，能够捕捉空气当中的化学信号，例如气味分子等等，恐怕它比较熟悉黄家的地理环境，再加上黄家有它熟悉的化学分子，还有一些气味信号，所以就一路又找了回来。不管怎么说，经历过这件事以后，黄开宁和阿财再也分不开了。

虽然阿财为黄家抓了小偷，得到了家人的认可，可是邻居还是不敢去他家里串门，害怕巨蟒不知道会从哪里冒出来，他们对蟒蛇的恐惧并未消除。

朋友："在家里养蛇，我是第一次听到。"

邻居林明柏："我们是邻居，怕伤害到别人，伤害到小孩，所以总是叫他把蛇放回自然。"

孩子们最喜欢把它抬到村外的万泉河里游泳

4. 蟒蛇“救”孩童

面对邻居的担心，黄开宁无可奈何，可是孩子们似乎对阿财很友善，只要一放学，孩子们就乐颠颠地跑到黄开宁家跟它玩耍。一到夏天，孩子们最喜欢把它抬到村外的万泉河里游泳。

阿财一到水里可来劲了，闹得特别欢，孩子们最喜欢挽住它的身子或者是抓住它的尾巴拍水嬉戏。可是，人和蛇一起游泳听起来就叫人犯怵，当家长的更是害怕。

林明柏：“我的孩子跟黄开宁家的孩子经常在一起游戏，有时候他们还会带蛇到万泉河那边去，一起在河里游泳。我肯定担心怕蛇咬和伤害到孩子。”

万泉河看似平静，其实却暗流涌动，有一天，意外发生了，孩子们和蟒蛇在河里闹得正欢时，一位小男孩游得太远了，遇到了漩涡，眼看要被急流冲走。

这时一位年龄稍大的同伴挽着大蟒蛇游了过去，蟒蛇用它有力的身体硬是把溺水的孩子从急流中拖了回来，一起安全到达岸边。

当小孩子落水的时候，阿财竟然听话地跟着大点的孩子游过去救人，而不是只顾自己在水里玩耍，蛇真的有可能和大孩子一起去救人吗？它是不是真的通人性呢？

刘立泉：“这种事是有可能的，为什么呢？因为经常有一帮孩子带它去游泳，带它游来游去，它都习惯了，碰上小孩危险了，抓住它一块游过去带上岸来，这是有可能的。”

专家对于这件奇事做出了这样解释：阿财救小孩，实际上并不是它的一种主动行为，而是阿财从小跟村里的孩子们待在一起，人和蟒蛇之间相处得非常融洽，它已经十分温顺了。还有就是蟒蛇的浮力非常大，它不容易沉下去，同时它又不喜欢在水里泡着，所以当大孩子在前面拉着它的时候，小孩子一抓它的尾巴，就很容易给拖到岸上来。不过，黄家可不管这到底是不是阿财主动去救的人，反正村里人都说阿财真的是一条好蛇啊，救了小孩子，很多人都非常感激它。

这下黄开宁和他的阿财成了远近闻名的人物，闲暇时，黄开宁经常看看书，慢慢地竟琢磨出一些相关的养蛇经验，还研制出了一些对付各种蛇毒的药，在十里八村也有了点名气。

黄开宁："前几天，就有一个被蛇咬伤的小伙子找到我。他自己也不知道是哪一种蛇咬伤了他，第二天来的时候，脚已经肿了。他来到我们家让我帮他医治，凭借我研究了这么久的经验，一看他的伤口我就知道他是被什么蛇咬的。"

黄开宁再次见到小伙子之后，他的伤基本上已经痊愈，但是仍然能够看出身上的瘀伤，他对小伙子的伤再次做了检查，并且告诉他应该注意什么。

林吉（被蛇咬伤的人）："我这里有朋友认识他，我就找他，他就说这种蛇不怎么毒，配了药给我吃就好了。"

阿财成了黄家的保姆，事情传开后，邻居都慢慢接受了阿财，一些好奇的朋友也从远方慕名而来，一睹阿财的真面目，阿财也真给面子，邻居和朋友来了，

黄家和阿财朝夕相处

人蛇感情很深

它也同样非常友好。

刘良才（黄开宁的朋友）：“因为那条蛇比较通人性，比较了解人，它是不会随便伤害人的，这条蛇好像是阿宁家的成员一样，它好像懂得什么应该吃什么不应该吃，我们也就不怕了。”

黄家和阿财朝夕相处，使阿财也习惯了人类的生活环境。

得知阿财确实不会伤害人，现在有些人也会上前试探着抚摸它，甚至有些胆大的人，还将它扛了起来，阿财也真会借机撒娇，它会盘到客人的身上，伸出芯子舔舔客人的脸，这些亲昵的举动真的是让人又爱又怕呢！

蟒蛇阿财的的确确和黄家上上下下、老老少少都相处得非常愉快，而且全村子人都很喜欢它。现在黄家也成了大家茶余饭后相会的一个聚点了。由于精心喂养，蟒蛇也生活得很愉快，体重在迅速增加，现在已经有 50 多千克。

这条 50 多千克的蟒蛇养在家里，既给黄开宁带来了无数欢乐，同时也让他感觉到了一些问题的存在。欢乐是什么呢？就是人与蟒之间这种割舍不断的情感，不过问题也是确实存在的，50 多千克的蟒蛇养在家里，它得吃掉多少食物啊！对于一个农户来说这个经济负担实在是有点重了。

还有蟒蛇毕竟是一种国家一级保护动物，一般人能否养在家里恐怕也是一个问题，黄开宁也想请社会各界的专家和朋友帮他出一个好主意，让他和蛇能够继续和谐、幸福、快乐地相处下去。

在最后还要提醒大家一下，这件事情是发生在非常巧合的情况之下，蟒蛇毕竟是一种具有强大攻击力的野生动物，任何人不要随意饲养，人们到动物园去看看，通过电视来了解一下这种奇特动物就已经足够了，它永远是属于大自然的。

（鲁海娟）

智擒大鳄

7月9日的深夜，月朗星稀。突然，在福州市郊一片杂草丛中，出现了一个巨大而恐怖的身影，所到之处都被它压出一条深深的痕迹……

它究竟是什么呢？

1. 小区内河突现鳄鱼

早上7点，家住光明支河旁的黄女士正在阳台上洗着衣服。突然，她看见小区门前的内河里，似乎有一个奇怪的东西。

目击者黄女士："我正在阳台上洗着衣服，然后就看到小河里面有一个东西一直往上游，我感到很奇怪，不知道到底是什么东西，之后那个东西就往下沉。"

当她终于看清究竟后，更是大吃一惊。

黄女士："慢慢地，它的尾巴、头都出现了，我看得很清楚，认出来那肯定是鳄鱼啊。"

小区门前内河里突然出现鳄鱼

人们来到岸上围观

鳄鱼训练师邢连久带了两个徒弟下了河

鳄鱼！的的确确就是一条鳄鱼！

可是，它为什么会出现在这里呢？

它究竟从何而来，会不会伤及无辜呢？

面对这个恐怖的对手，谁又能与它徒手相搏呢？

可是鳄鱼怎么会出现在市区里面的小区内呢？我们可以看到原来它处于一个特殊的地理位置，光明支河的那个内河，附近就是鳄鱼公园，这条鳄鱼很有可能就是从公园里跑到河里面去的。可先别管这鳄鱼是哪来的吧，那么凶残的一个动物，赶快想办法把它抓住啊。

凭借锋利的牙齿，灵敏的动作，以及长达一个小时的潜水能力，鳄鱼是很多人眼中恐怖和死亡的代名词。就在这时，黄女士看见鳄鱼公园里走来了一个人。

曲香（福州鳄鱼公园工作人员）：“这时候我就赶紧跑到河边去了，看到河里有一条鳄鱼，我吓坏了，怎么一条鳄鱼跑出来了，还跑到河里。”

常年喂养鳄鱼的她，非常了解鳄鱼的凶残本性：一旦受到惊吓，很可能就会对周围的人们发起猛烈攻击。事不宜迟，她立刻去找自己的师傅——邢连久。

邢连久（鳄鱼训练师）：“我带着我两个徒弟，拿了绳，拿了竿，就赶紧跑过去了，到了以后一看，那河里还真有一条鳄鱼，正在游呢。”

这时候，河里的鳄鱼也发现了岸上的人们，它警惕地张望着。人们决定，向它投掷一些食物。

曲香：“我就在家里拿了一点肉，丢给鳄鱼，准备用这块肉引诱它上岸，让它上来好抓住它。”

然而，鳄鱼却并没有受到丝毫的诱惑。一计不成，又生一计，有人抓来一只它平时最爱吃的小鸡，向水中扔去……没想到，刚才还浮在水面的鳄鱼，不但没有理睬，反而一下子沉入水中。

佘国明（福州鳄鱼公园副经理）："鳄鱼在水里头，它可以憋气一两个小时，它有一个特点：它可以在吸完气以后，把氧气充到身体内细胞里。它的肺活量不是很大，如果需要氧的话，是可以再给它供氧的。"

不仅如此，鳄鱼还具有非常强的忍耐力，只要吃饱了一顿，它甚至可以忍耐饥饿达两年之久，因此用食物来引诱它走出自己的势力范围，这是很难成功的。眼睁睁看着鳄鱼不见了踪影，大伙儿都很着急。因为河道旁就是人口稠密的居民区，如果鳄鱼偷偷爬上了岸，就可能危及人们的生命。

正当大伙紧急商量对策时，鳄鱼却和人捉起了迷藏：10 分钟后，它在不远处探出了身子。

邢连久："当时一看确实在游，可它一下潜到水里又没了，不久一看又潜水出来了。"

河里的鳄鱼警惕地张望着

人们拿了肉准备引诱鳄鱼上岸

河道旁就是人口稠密的居民区

就这样反复几次后，鳄鱼渐渐游到了岸边，它看起来还比较温顺。可是令人措手不及的是，当竹竿稍一碰到它，鳄鱼就发怒了。

邢连久："当它一探头，我看它的眼神和体形就看出来，它是惶恐至极，因为它到了一个新的环境，你有一点动静，它就要跑，但是如果它跑不掉了，它就跟你拼命。"

看着鳄鱼凶狠的样子，所有人都感到不寒而栗，而它最具杀伤力的武器，正是那张血盆大口。

水位逐渐回落，河里厚厚的污泥又露了出来

邢连久亲自下水抓鳄鱼

邢连久："它上下颚瞬间咬合的动力，是多少千克呢？在瞬间能达到500多千克。"

佘国明："它很容易把一个50多千克的动物，包括人，轻易拉下水，然后就吃掉，这是很容易的。"

忽然，人们意识到，更大的危险正在悄悄迫近。

邢连久："正好涨潮了，潮水速度特别快，眼瞧着河水就往上涨。"

光明支河的下游，就是福州市最大的河流——闽江，随着潮水不断涨起，鳄鱼很有可能轻易地游入闽江。而江中不仅有许多船只，更有不少市民在游泳和垂钓。

邢连久："如果这条鳄鱼跑入闽江，那后果是不堪设想的，事情可就闹大了，太大了。园林局领导也来了，给我下命令说能抓就抓，不能抓实在没办法，想办法把它弄死。"

这是一条泰国湾鳄，它是一条雌鳄，体长是2米多，体重大概是在150千克左右，这么大一条鳄鱼出现在河里，让人觉得非常可怕。能不能采用麻醉的方法把它抓住呢？我们都知道在面对老虎、狮子、狼这些凶猛的动物的时候，有时候给它们做手术、体检，我们可以采用麻醉枪打麻醉剂的方法，但是对于鳄鱼来说这个方法实行不了，为什么呢？一个是因为它是冷血动物，它的体内循环、新陈代谢速度相对都比较慢，很多机理我们目前还不是特别明白，在这种情况之下，麻醉剂对它

邢连久派人压缩两个网之间的距离

光明支河的下游就是福州市最大的河流闽江

起作用与否谁也不知道。另外一个就是谁都知道，鳄鱼全身上下都是非常坚硬的，只有头部下方等几个少数地方才是柔软的，你只有准确地击中了那里，才能让它麻醉掉。可是我们知道麻醉枪它毕竟不是真的枪，它的瞄准精确度没有那么高，很难隔老远打那么准，一下就把它麻醉了，所以说这个办法肯定是行不通的。

与一般人不同，已经驯养鳄鱼 8 年的邢连久对它们有着一种特殊的感情。除了正常的喂养外，不管刮风下雨，邢连久每天都要到鳄鱼池旁去看看，时间长了，他甚至把鳄鱼看成了自己的孩子。可是此时，危险正向下游的人们一步步靠近。突然，邢连久想到了一个好办法。

邢连久："我决定弄两道拦河网，这里水大，水又特别深，上下用网把这条河道整个给封死，避免鳄鱼往闽江跑，往上进入市区。"

两张巨大的网很快就被拖到了河边。不一会，大网分别被牢牢地系住并且放到了河中，这样就如同在河里形成了两道闸门。

邢连久："这样把两道网下完以后，有人就随时观察鳄鱼的行踪，鳄鱼呢，有时候游到上面，碰到网了，它又往洄游，总而言之它就想办法往外跑。"

紧张的局面暂时得到了缓解，但是必须在退潮前想出解决的办法。虽然水中的鳄鱼已经平静了许多，但经过排查后人们发现，这条出逃的雌鳄可能具有最大能量的杀伤力。

邢连久："这个季节是产蛋季节，公园的鳄鱼太多了，位置太密集了，这样鳄鱼跟鳄鱼之间，为了争得孵化、产蛋的地盘而经常打架，加上它心情非常烦躁，所以它为了选择一个更好的地方，能够下蛋的地方，拼命找缝就钻。这时候可能因为门没关，或者有的游客给打开了，鳄鱼就爬出来了。"

佘国明："在这个阶段，鳄鱼的攻击性很强，一般大于它体积的鳄鱼，都不能靠近它的领域，包括我们人在内，所有的动物你都不能靠近它的领地。”

下午 3 点，水位逐渐回落，河里厚厚的污泥又露了出来。但是，下一次涨潮的时间将很快出现在 6 点，那时天色将逐渐变暗，事态将不被人们所控制。也就是说，抓捕鳄鱼的时间，只剩下短短的 3 个小时。

邢连久：“上面命令说，今天必须把鳄鱼抓到，抓不到宁可把它打死，也不能让它进入闽江，绝不能等到第二天。”

一条成年的鳄鱼价值数万元，但为了周围居民的安全，击毙它也许才是最好的选择。有人已经开始准备电鱼的工具，很快就要将它一击毙命。这时，邢连久却做出了令所有人都大吃一惊的决定。

2. 训练师下水抓鳄

邢连久：“我对养的鳄鱼，感情非常深，另外，它是国家二类保护动物，有一分希望，尽最大的可能、最大的力量，也别把它弄死，我得把它抓回来。”

邢连久要亲自下水抓鳄鱼！所有的人都惊呆了，这很可能将是一条不归路，因为在水中的鳄鱼，就是死神的代言人。

这个决定实在是太冒险了，我们都知道鳄鱼一旦入了水之后，它就是一种非常凶残的动物，绝对是一等一的霸主。世界上鳄鱼伤人的事情我们也经常能够听到，比如今年 5 月的时候在澳大利亚，一条体形非常巨大的澳大利亚湾鳄，一口就把一个 8 岁的

出逃的鳄鱼终于乖乖游回了池塘

小女孩生生地给咬碎了。

老邢饲养了很多年鳄鱼，可能有些人会想，老邢是不是可以跟一些鳄鱼培养出感情，鳄鱼也不会咬他呢？绝对不会这样。以前我们做过一期节目，叫作《还我手臂》，说的就是海南三亚的一个鳄鱼饲养员，他在水池边洗手的时候，突然一条他饲养了多年的鳄鱼蹿出来，一口就把他的胳膊咬住，把他拖到水里，等人再把他救出来的时候，整条胳膊已经找不到了。所以说鳄鱼这种冷血动物，它绝对是六亲不认的，根本谈不上把它驯养得和人类很接近。

8 年多近距离的接触，使邢连久比谁都了解鳄鱼凶残的本性，而且他深深知道，自己将要面对的是一个怎样可怕的对手。

邢连久："它在水里凶，那是它的天性，可它在水里如鱼得水，也是它的力量发挥最淋漓尽致的时候。我还真有点担心，因为在这种情况下，我还真怕万一。"

这时，鳄鱼可能也意识到了被抓的危险，它狡猾地将自己藏在了厚厚的淤泥中，谁也没发现它的踪迹。

邢连久："两边派人压缩两个网之间的距离，争取最后把鳄鱼限制到最小的距离，以便于抓捕。最后一直到五点多钟，把这网从 100 米压缩到还有 20 米的距离。"

形势刻不容缓，虽然仍没发现鳄鱼的具体位置，但邢连久还是下水了。出逃的鳄鱼，应该就埋伏在这短短的 20 米内。而邢连久下水后的第一件事，就是去拉扯水中的网。

邢连久："里面污泥太深，厚的地方将近一米多，为避免鳄鱼从淤泥里面跑出去，我就下水把下到污泥里的两道网，踩到污泥的最底下，这样绝对保证鳄鱼跑不出去。"

河岸上所有的眼睛都在盯着水面，当网被完全踩到下面后，邢连久开始用竹竿小心探着水底，这个举动其实是非常危险的。

佘国明："鳄鱼的眼睛上有一个保护膜，在水里面它可以把眼睛睁开，有水也进不到它眼睛里头。鳄鱼还有一个特点，就是在水里非常敏感。"

一旦鳄鱼发现了水纹的异常波动，这就将引起它的强烈攻击。在水中鳄鱼的爆发力非常惊人，这也是它们喜欢在水中或者在岸边捕猎的原因。

鳄鱼乖乖待在鳄鱼公园里

佘国明："它攻击人的时候，都是趁人不备的，它是悄悄、慢慢地接近目标。零点几秒的时间，它可以攻击一个目标，这个时候你都没有反应过来，你都看不见它是怎么张开嘴的，但是它很快，一刹那就把那目标咬住。"

邢连久同样了解鳄鱼的这种攻击手段，他屏住呼吸，注意力高度紧张。这时，水下肯定有一双凶残的眼睛在窥视着他，而水面仍然异常平静。突然，就当竹竿再次探进水里时，鳄鱼出现了。

邢连久："鳄鱼'啪'这么一咬，就把我打了一跟头，人就躺在污泥里面了，我起来以后非常高兴，为什么高兴呢？因为这样我就发现了鳄鱼的准确位置，我就好想办法了。"

邢连久迅速爬了起来，一边用竹竿紧紧护住自己，一边用另一根竹竿架着鳄鱼往岸边赶，由于之前已经把网缩小到了很小的范围，因此鳄鱼已经被圈在了其中。人们开始用绳子去套鳄鱼的上颚，一旦控制了它的上颚，它的血盆大口就无法实施最致命的攻击了。可是，一切都是徒劳无功。

邢连久："用绳套套不上它，它在水里边，网只是把它盖住了，就跟盖一层被子一样，给蒙住一样，它就是往上蹿。"而如果继续僵持下去，万一鳄鱼挣脱，几个人随时都会有生命危险。邢连久死死盯住网中的鳄鱼，他的决定再次让所有人都大吃一惊——他要把鳄鱼放出来。

看到这，可能有的人在想，这个老邢他是不是脑子有问题，都什么情况了，好不容易用网子把这鳄鱼给网住了，干吗给放出来？这样一放出来的话，鳄鱼和他就是零距离的接触了，如果这样的话，他能不能在保证自己的安全前提下，又顺利把鳄鱼抓住呢？别到时候鳄鱼跑了，再把他咬一口，那就麻烦了。

邢连久决定将鳄鱼放出来后，由自己与它正面交锋，然后其他人伺机用抄网将它的头网住。但首先，他必须先和鳄鱼进行一番较量。

邢连久："我只有在水里边把它折腾累了、乏了，它的抵抗能力就小了，抓的时候就很容易了，而且能保证岸边3个人的安全。"

佘国明："鳄鱼是冷血动物，因为它是靠爆发力取胜的，没有耐力，而且它心脏很小，供血就是靠那个短暂的时间——心脏的加速，但是它不能长时间让心脏加速工作，否则就会衰竭，会死亡。"

邢连久开始用竹竿挑逗鳄鱼，可是鳄鱼并不理睬。邢连久果断下令，现在就将鳄鱼放出来。但谁也没有想到，鳄鱼被放出来的一刹那，竟然是如此凶险。

邢连久："我是用两根竹竿与它周旋的，当它进攻我第一根竹竿的时候，打动了我第一根竹竿，但是我在后面还有第二道防线，第二根竹竿能保证我人身的安全。"

受惊的鳄鱼开始垂死地挣扎，它一口咬住了邢连久的竹竿并且拼命翻滚和挣扎，这时，有人准确地将抄网套住了鳄鱼的头部，另一人拖住了鳄鱼的尾巴，这其实是异常危险的。

邢连久："它的尾巴又粗又壮，它储存的能量主要在尾巴上，它的尾巴一甩的力量非常大，能把人的胳膊、腿打断。"

幸运的是，可能之前的挣扎已经使这条鳄鱼太疲惫了，它没有再做过多的反抗。众人一拥而上，鳄鱼被捆了个结实，人们合力将这条大鳄抬上了河岸。在大家的注视下，这条出逃的鳄鱼终于乖乖溜进了池塘。

邢连久："作为国家二类保护动物也好，作为活生生的一条鳄鱼也好，它毫无损伤地被抓回去，我心里就挺美的。"

老邢真的可以说是艺高人胆大，他之所以敢下河面对这条凶猛的鳄鱼，正是因为长年累月接触鳄鱼，有了很多经验之后，才敢这么去做的。正所谓没有金刚钻，不揽瓷器活。不过在这里还是想提醒一下，现在这种鳄鱼公园在我们国家很多地方都有，是不是多多少少都存在着一些安全隐患？假如真的有鳄鱼跑出来伤人的话，恐怕不是每次都能这么幸运了。

（郑酉亮）

小区又恢复了平静

蜂口夺人

提起小蜜蜂，大家都会想到“勤劳”这两个字。记得小时候，谁要是表现好了，老师就会夸奖他像勤劳的小蜜蜂一样。可在人们赞扬它勤劳的同时，也会畏惧它那根小小的蜂针，要是被那东西扎上一下，又疼又肿的感觉还真是不好受。那么你能想象，如果被几百万只蜜蜂包围起来，是什么样的感觉吗？在甘肃省的陇南市还真的就发生了这样的一幕。7 月 29 日凌晨 5 点，一辆双桥卡车行驶在蜿蜒的山路上，这是一辆装满蜜蜂的运蜂车，车上装有 180 多箱蜜蜂，陈某夫妇准备将它们带到甘肃文县去放养。可是事情就发生在那天，他们究竟遇到了什么事呢？

河床上面满地的蜂箱，洒了一地

1. 几百万只蜜蜂

当车行驶到武都地区时，司机发现走错了路立即掉头，突然，卡车不听司机的使唤，冲下了 10 多米高的河堤，掉入河床。

早上 6 点，天刚蒙蒙亮，黑压压的蜂群漫天飞舞，变形的卡车躺在河床上，摔烂的蜂箱散落一地，引起了过路行人的注意。有位行人经过那里去上班的时候，发现了好多蜜蜂，越走越多，走到事故发生地的时候蜜蜂已经成了黑压压的一片，他往下一看，发现河床上面满地的蜂箱，洒了一地，蜜蜂到处飞，他心里害怕，赶忙跑开了，并打了电话报警。

接到电话10分钟后，武都区120急救中心和交警大队分别派专人火速赶到事故现场，然而救护人员所看到的情景远远出乎他们的意料，事故现场坍塌着一辆装有大量蜜蜂的双桥卡车，而且蜂群乱舞，非常密集，一般人无法接近事故车，更无法从几百万只蜂群中救出伤员。

交警大队副队长记得："到达现场之后，现场的那种残忍状况，把我们都震惊了，车辆因为半报废了，成百万只的蜜蜂密密麻麻在车辆周围盘旋着，可以说是黑压压的。方圆50米范围内，靠近不了车辆。再加上伤员在驾驶室内呼喊救命的声音，现场特别悲惨。

现场一片混乱，蜂箱散落了一地，几乎全部摔烂，车内传出阵阵悲惨的叫声。受到惊吓的蜜蜂显然并不知道究竟发生了什么事情，它们只是漫天飞舞，见人就蜇。

由于蜜蜂多，一位村民早上起来一开门，蜜蜂们扑着就过去了，把他脑袋蜇得像个蘑菇。

对120工作人员来说，这种事故现场也是前所未有："我们刚一下车之后，所有的蜜蜂一下子就把我、司机还有护士围住了，我们3个医护人员全部都让蜜蜂蜇了，满脸满身都是蜜蜂，当时我们穿着夏装又穿着白大褂，整个手上身上全都是蜜蜂，当时就被蜇得不行。"

蜂群乱舞，非常密集

120和交警大队的人员深深地担忧着，以现场情况分析，被困人员恐怕是危在旦夕。因为他们不仅身受车祸之伤，更可怕的是他们还被密密麻麻的蜂群紧紧包围。

“他们呼喊救命，但是在这种情况下很难营救。可以说之前像这种场面也没有经历过，没有实际的经验。”交警大队副队长在这种情况下只好打了119，请求消防战士的帮助。

交警一边对事故现场进行勘查保护，疏导过往车辆，一边等待着119的到来。这时，交警大队副队长发现了一个情况：“靠近肇事车辆翻车位置十多米的地方，我们探测发现有两个人裹着棉被，因为是养蜂人，他们可能自己有经验，采取了自救的办法。”

事故现场坍塌着一辆装有大量蜜蜂的双桥卡车

距离翻车位置十多米的地方，发现有两个养蜂人裹着棉被

为了躲避蜂群的进攻，两个人都严严地蒙住自己的身体，看到近在咫尺的伤员，虽然蜜蜂密密麻麻，漫天飞舞，然而交警大队还是派出两名民警冲过蜂群将人从蜂口中夺出。

120工作人员回忆道：“他们满身都是黄豆大小的红点，刺都能看见，露出来的大概有半厘米左右，刺满身都插着。”

看到这漫天黑压压的蜜蜂，真是让人感到很震惊。在一般情况下，除非人威胁到蜜蜂的安全，不然它是不会主动攻击人类的。一旦它对人类射出螯针，它付出的是生命的代价，因为在它的螯针上有一个倒钩，当它螯人以后，螯针就会留在人体内，同时

也把蜜蜂的内脏钩了出来，蜜蜂也会因此而失去了生命。但是，在当时有上百万只蜜蜂这种情况下，它们都已经疯狂了，根本不知道发生了什么事情，蜇人也是在所难免的。还有一点就是蜜蜂的社会性很强，在感到危险的时候，就会释放一种警诫信息素，凭借这种信息素向同伴通报险情。这种警戒信息素的气味很浓，在空气中传播速度也是非常快的。凭借这种警戒信号，其他蜜蜂就会追杀过来，只要有一只蜜蜂开始蜇人了，整个蜂群都会蜂拥而上。在当时车内的 3 个伤者，只能等消防人员来才能将他们解救出来，因为消防人员有防化服等专业设备。

接到报警，119 消防中队立即开始着手准备。几分钟后消防官兵火速赶到事发现场，由于几百万只蜜蜂四处乱飞，织成一个巨大的蜂网，见人就蜇，因此消防队员马上换上防化服，带上氧气罩，准备对伤员进行营救。

然而进入现场后，队员们发现，因为蜜蜂太多，即使穿着防化服，也很难对被困人员实施救援。

交警大队派出两名民警冲过蜂群将人从蜂口中夺出

有位消防战士到场之后，发现有人在驾驶室里面，渐渐挪动着身体，发出了凄惨的求救声。“当时我们的救援心特别急，但当时蜂群可以说是黑压压的一片，像天罗地网一样，无法过去。”

如果想救援成功必须首先驱除蜜蜂。到底用什么方法才能将几百万只蜜蜂驱走呢？3个部门立刻成立临时指挥部，对救援工作实施统一指挥。大家一致认为，见效最快的办法就是用水浇。

“由于当时蜜蜂特别多，人在蠕动身体的时候，就会招来很多蜜蜂对他攻击。”在这种情况之下，王建军果断下了命令，利用高压水枪。

高压水枪的使用的确起到了作用，来势凶猛的大水使黑压压的蜂群顿时乱了方寸，四处乱窜，逐渐散去，而水枪手周围受到威胁的蜂群则变得更加疯狂。

“由于我当时负责使用水枪，在我抱住水枪进行射水的时候，对附近的蜜蜂造成一定的伤害，附近的蜜蜂就像发疯似的，向我扑过来，停下来的时候，总觉得脸上烧烧的那种感觉，特别烫，我用手摸了一下，肿了。”战士杨建顾不上疼痛，仍在坚持战斗，高压水枪的使用很快见效，蜂群逐渐散去，为救援人员赢得了宝贵时间，待蜜蜂稍一散去，消防队员就以最快速度奔赴肇事车头。车内伤员呼唤救命的声音也越来越近了。

“当时我们迅速过去之后，发现他的腿部严重受伤，无法站立。初步侦查，估计就是他的腿部骨折。”班长率领战士们立即将伤员从驾驶室里拖了出来，伤员惨痛的叫声划破天际，也划伤了每一个战士的心。而接下来，更艰巨的任务摆在了面前。此时驾驶室内仍然还有两名被困人员，通过了解得知，其中一人已在车祸发生时当场身亡，而另一人也已经是危在旦夕。

2. 吊车救人

战士们用手摸，经过查看，发现另一名被困人员的左腿被卡在驾驶室的驾驶座与后卧铺的中间，而且受挤压的时间特别长。“这名被困人员发出微弱的求救声和呻吟声，可以说那个场面是比较揪心的，撕心裂肺”。

而此时已经被驱走的蜂群再次回到了肇事车辆周围狂舞着，因为蜜蜂有个习性，它是要绕着自己的蜂箱转的，因此在这种情况下，只能再次使用高压水枪。

为了尽快将两名待营救人员从被困驾驶室里面救出来，战士们就采用不间断的方式，也就是说跟蜜蜂打持久战，只要它一拥上来战士们就打水，将蜜蜂打出去。

高压水枪的使用与救援穿插进行着，由于受损的驾驶室变形非常严重，而被困人员的腿被紧紧卡住，队员们只能用肩扛、手拉、推动等方式进行分离，可是根本无济于事。“当时伤员被卡在驾驶室里面，由于没有办法挪动，必须进行切割办法，把车头给分裂开来”。

考虑到伤员的安全，细心的特勤班长找到一块破布将被困人员盖住。以防切割的时候，火星溅到他的身上，造成不必要的伤害。

切割的时候，一位战士看到他满脸都是血，就一直给他打手势，告诉他不要乱动，省点体力，但伤员听不进去，因为两条腿被卡得紧紧地，他一直在用力蹬。“我求求你了，你把我腿锯掉都行，你赶快救救我”。

由于没有办法挪动，必须进行切割，把车头给分裂开来

救援在紧张地进行着，当时室外温度高达40度，而战士们身着防化服，根本透不了气，可他们却没有丝毫的松懈。

班长找到一块破布将被困人员盖住，以防切割时火星溅到他的身上

救援人员：“当时切割的时候，心情非常着急，由于伤者在不停地叫救命。当时我负责切割，我们战友就边帮忙边对着伤员说一些安慰的话，让伤者在我们营救的期间配合我们工作”。

战士们特别着急，因为那个人失血过多，有点昏迷，人也开始有气无

消防队员马上换上防化服，带上氧气罩，准备对伤员进行营救

高压水枪的使用的确起到了作用

力了。切割终于顺利完成，然而令队员们没有料到的是，虽然切割机将车头外部切开了，但是仍然没有办法对驾驶室进行分离，伤员的腿死死地卡在座位与后卧铺之间。

这时候距事故发生已经4个多小时了，伤者除了因为事故导致大量流血之外，还有一个更大的威胁，那就是蜜蜂的困扰。被蜂蜇伤的过程，实际上是蜂刺将蜂毒注射进体内的过程，说起来这个过程非常像打针，蜂刺就好比针头，蜂毒就好比是注射液。平时人们被针头扎一下，并不会觉得有什么影响，被蜂刺扎了，对人也不会有什么伤害，而真正有危害和有威胁的主要是蜂毒。因为蜂毒的主要成分是溶血毒素。它会溶解体内的血细胞和组织细胞，从而使大量的血红蛋白溶解到血液里面。很多人都有过被蜜蜂蜇的经历，只要把毒刺拔出来，涂点清凉油什么的很快就没事了，所以人们并不觉得被蜜蜂蜇会有多危险。但是科学家曾经做过这样一个粗略的统计：正常人一般可以耐受几十只蜜蜂的攻击，但如果超过百只，就会有生命危险。而当时伤员身边有上百万只蜜蜂，所以说他的情况是十分危险的。那么他的情况又会是怎样的呢？

时间一分一秒地过去，伤员的情况越来越危险，呼救声也渐渐变弱，还间断地出现了昏迷状况。如果仍然不能想到好的方法，伤员随时都会有生命危险。队员们一边对伤员进行安慰，一边在想着对策。

班长向指挥部汇报了当时的情况，决定用起重气垫进行分离。但由于空间小，起重气垫面积相对大，起重气垫起不了任何作用。

起重气垫的失灵使救援陷入了僵局。时间一分一秒地过去，被困人员生还的希望越来越渺茫。这时，交警大队的王队长想到了一个办法——利用吊车配合救人。

“切割开以后，还是没有办法把被挤压的人员拉出来。在这个时候，我们就采取第二套方案，调来吊车，把被挤压的驾驶室直接用外力作用拉开。”

工作人员在现场

接到命令，吊车司机马上进入现场。吊车的配合使用，大大提高了救援速度。可是因为当时的设备有限，吊车司机的氧气瓶很快就用尽了，没有了氧气罩的保护，蜜蜂一拥而上，将吊车司机的脸部严重蜇伤。

势凶猛的大水使黑压压的蜂群顿时乱了方寸

吊车司机开始只是有点眼花，后来腿也开始软了，实在支持不住才下了吊车，120 的人员立即对吊车司机进行输液，可伤者间断的叫声令吊车司机心急不已，而现场没有其他人会开吊车，此时密密麻麻的蜂群趴在吊车上，似乎在向人们示威。

短暂的输液后，吊车司机马上又回到了工作岗位。眼看着挂钩挂好，吊车慢慢地抬起。可这时意外发生了，由于消防队员没有挂吊钩的经验，挂钩没挂上，吊车吊到半截时，吊钩一下子脱落了，吊车中的伤者在疼痛的刺激下发出了撕心裂肺的叫声。

在没有面罩的情况下，小东接受了王队长的命令，顶着疯狂的蜂群，将吊钩挂上，跳下车，然后指挥吊车往上吊。终于，吊车发挥了作用，被困人员被成功解救，大家顿时感到一阵轻松。而此时的救援官兵也已经全部伤痕累累，现场仅有的一点盐水成为他们的消毒工具。

营救是顺利结束了，据了解，除了一名伤员当场死亡之外，其余 4 名被救出的伤员已全部脱离了危险，而这次事故给人们留下了惨痛的教训。那么这次事故又是什么原因导致的呢？原来肇事车就是因为右前方钢板老化，导致断裂，车右前方的支撑力没有了，因此发生了翻车事故。其实，酒后驾驶、疲劳驾驶、汽车质量等等，类似这些原因导致的恶性交通事故实在是太多了，等到这些恶性交通事故出现了，再后悔就来不及了。在文章的最后，除了对广大消防官兵、交警官兵以及 120 的救护人员表示深深的敬意之外，还要提醒读者朋友们，一定关爱自己的生命，注意交通安全。

（赵怀瑾）

朱鹮育雏记

对于动物来讲，生殖和繁衍是首要任务。为了把自己的生命延续下去，动物们都尽可能繁衍自己的后代。对于珍稀动物，生儿育女更关系到这个物种是灭绝还是能够继续生存。

朱鹮是国家一类保护动物，也是我国独有的珍稀鸟类。朱鹮被发现时仅仅有7只，它的繁殖更是让动物保护者关注和操心。1989年我国实现人工孵化朱鹮以后，朱鹮的数量迅速增加。但是，许多朱鹮也因此丧失育雏的能力。陕西省珍稀动植物抢救中心对朱鹮试验自然繁殖，让朱鹮真正的当上父母。他们是在国宝身上做实验，压力可想而知。是人工育雏还是自然繁殖？珍禽朱鹮能否是称职的父母？朱鹮宝宝会不会不幸夭折？

1. 国宝朱鹮临产了

朱鹮，作为国家一类保护动物，在陕西省珍稀动植物抢救中心，专家们对它们的繁殖采取了新的措施。这个措施确实让专家们承受了巨大压力。

我国人们将朱鹮视为吉祥的象征

每年的 1 月到 6 月，是陕西省珍稀野生动物抢救中心最忙的时候。这个季节，保护中心的珍稀动物——朱鹮将经历从求偶到繁殖后代的整个过程。国宝朱鹮的生育过程牵动了无数人的心，这也将决定朱鹮家族是否能够恢复以前的繁荣兴旺。对于抢救中心的专家来说，今年的任务将比往年的压力更大。

朱鹮 159 和朱鹮 307 的鸟巢中的 4 枚朱鹮卵

黄治学（陕西省珍稀野生动物抢救中心）：“今年我们是基本上大规模地进行试验，今年配对 40 对，给它们提供一个当父母的机会，看它们自己能不能完成这个真正的繁殖阶段。”

张军风（陕西省珍稀野生动物抢救中心）：“今年就是扩大范围开展自然育雏，自然育雏有不稳定性，往年能成功的，今年就失败了，往年没有成功的，但是今年如果开展试验的话，还有成功的可能性。我们就抓住这一点可能性进行试验。”

朱鹮是稀世珍禽，过去在日本、俄罗斯、朝鲜以及中国东部等地曾有较广泛的分布。由于环境恶化等因素的影响，朱鹮种群的数量急剧下降。到 20 世纪 70 年代，世界上很多地方已经灭绝了朱鹮的踪影。我国鸟类学家经过多年考察，1981 年 5 月在陕西省重新发现了 7 只朱鹮，这也是世界上仅存的朱鹮种群。为了保护稀有的朱鹮，1989 年我国实现了朱鹮的人工孵化。人工孵化的成功使朱鹮的数量显著增加，目前我国朱鹮数量达到 800 多只。但是人工孵化也带来了许多问题。

唐仕兴（陕西省珍稀野生动物抢救中心）：“现在靠人工繁殖，技术过关了，但是它的飞翔能力减弱，自然觅食能力减弱，自然育雏也退化了。现在要加大力度进行人工饲养条件下的自然繁殖，培育它的后代能够回归自然。”

2．专家试验自然育雏法

陕西省珍稀野生动物抢救中心的朱鹮是从陕西洋县搬迁过来的一部分。2000 年到 2005 年间，这里的朱鹮数量已经从刚开始的 60 只繁殖到了 200 多只。这些朱鹮的生育过程几乎都是靠人工孵化的。面对人工孵化出现的种种问题，抢救中心的专家决定还是试一试自然育雏的方法。

任建设（陕西省珍稀野生动物抢救中心）：“我们想这亲鸟为什么不会自然育雏？原因就在于关键的头两三天里不会？还是它一直没有这种能力？于是我们就想开展几项试验。”

关于朱鹮在中国的记载，最早始于约公元前 100 年西汉司马迁的《史记·司马相如列传》。由于朱鹮的羽毛白里透红，在古代，我国人民将它视为吉祥的象征，称它为“红鹤”，就是“红火”的谐音，盼它能带来红红火火的好日子。1981 年发现的朱鹮成为世界上唯一的朱鹮种群。朱鹮实在是太珍贵了，抢救中心的专家开展自然繁殖的研究面临很多非议。有的专家认为现在主要目标应该是扩大朱鹮的数量，而且以前曾经做类似的试验遇到许多失败，如果今年大范围做试验会造成许多小朱鹮丧失生存的机会，这样也会让朱鹮的数量有损失。

朱鹮 159 和朱鹮 307 夫妻的鸟巢中只剩下了 3 枚朱鹮卵

朱鹮 159 和朱鹮 307 夫妻

由于长期进行人工饲养，朱鹮的繁殖能力已经显著降低。人工饲养的这些朱鹮能否当上称职的父母，专家们心里也有些担忧。为了防止在朱鹮生育过程中出现不必要的损失，抢救中心也准备了一些补救措施。

由于朱鹮自己不会当妈妈当爸爸，专家们就把它剩余的卵取下来，放进人工孵化器，然后进行人工育雏。

每年的元月是朱鹮求偶的阶段。这个时候，雌雄朱鹮的羽毛会发生变化。羽毛由白色变成了深灰色，这是由于繁殖期间朱鹮身上分泌一种色素，洗澡以后朱鹮将色素涂抹在身上。深灰色是一种保护颜色，使朱鹮野外繁殖做巢时比较隐蔽，天敌不容易发现。这个时候，专家们会把刚成熟的雌雄朱鹮放在一起培养感情。

一开始，针对朱鹮的人工配对，专家们一般选择一个比较大的笼舍，里面放上基本上性成熟的三四十只鸟，或者二三十只，10 多天后，选择那些在笼舍里面感情比较好的，而且亲缘关系比较远的，把它们拿出来，配对就基本上成功了。

由于目前存活的朱鹮都是当年陕西洋县 7 只朱鹮的后代，保护中心的朱鹮都是近亲。这些朱鹮的结合都属于近亲结婚，近亲繁殖会给朱鹮带来许多遗传病，它们后代产生畸形的概率也很大——有些朱鹮的脚是盘着的，有些嘴唇是弯着的，有些翅膀是瘸着的，这些情况都有可能出现。

为了尽量避免近亲结婚，保护中心给每只朱鹮做了个家谱。在家谱上血缘关系离得远的朱鹮，中心的专家们才让它们培养感情。经过观察，专家们发现编号为 159 和 307 的一对朱鹮互相非常有好感。这两只朱鹮卿卿我我的样子让专家们喜出望外。编号为 159 和 307 的两只朱鹮今年都是 3 岁，是刚开始进入生殖期的朱鹮。它们如果成为夫妻，自然繁殖的希望将会很大。

编号 159 和 307 的两只朱鹮属于隔代遗传，相比较而言，在种群里面血缘关系比较远一点。这是比较优秀的配对，专家对它们比较满意。

朱鹮被称为是“一夫一妻制”的鸟。在野外，朱鹮配对以后，很多年配偶固定不变，如果配偶先去，幸存的一定会矢志不渝，孤老终生，朱鹮是爱情专一的典范。159 和 307 两只朱鹮好上以后，可以说是有了良好的基础，但是真正的任务还在后面。这两只朱鹮能不能胜任父母的责任？它们能不能战胜后面的困难？专家们还是非常担心。

3 月是朱鹮开始繁殖的季节。一般野外的朱鹮会选择高大的栗树、白杨树或松树栖息，它们在粗大的树枝间，用树枝、草棍搭成自己的巢。编号 159 和 307 这对人工饲养的朱鹮夫妻筑巢的能力却非常差。抢救中心工作人员早早地在鸟笼里给它们安置了一个“家”，让它们能够安安心心地生儿育女。

抢救中心也尽量地模拟野外的自然环境，一般也是选择树林里面，在人工饲养情况下，啄草能力下降，还需要人工把草给夹起来。

就在编号 159 和 307 两只朱鹮恩恩爱爱过日子时，抢救中心另外两对朱鹮夫妻却遇到了麻烦。由于抢救中心的鸟笼有限，一个鸟笼里安排了两对朱鹮夫妻繁殖。这两对朱鹮夫妻为了争夺地盘，互相打斗起来。

朱鹮对地盘的占用性比较强，在野外的情况下一对鸟会占很大的地盘。这个地盘既要供给食物，也要没有外来干扰。笼养的情况就不同了，一个笼子最起码要关上两对，甚至三对朱鹮。

3. 朱鹮夫妻产了 4 枚卵

幸运的是 159 号朱鹮和 307 号朱鹮似乎和同鸟笼的朱鹮夫妻能够友好相处。一天天在焦急的等待中过去了。这一天黄师傅和同事按惯例来到饲养笼观察朱鹮。他发现 159 的朱鹮非常兴奋，而 307 号朱鹮紧紧地卧在巢里。黄师傅断定，

辛苦的喂食过程

159和307肯定有新情况，它们可能要当爸爸妈妈了。靠近鸟巢，黄师傅果然发现，在159和307的鸟巢里，已经有了4枚朱鹮卵。

3月15日产的第一枚卵，也就是最早产出的卵。

朱鹮一般一次产2到4枚淡绿色卵。159和307第一次就产下4枚卵，这让专家们又高兴又有些犯愁。朱鹮产卵数量多应该是好事，但为什么会让专家们发生争论呢？

有人说，由于朱鹮一般都生两枚卵，多了的话亲鸟喂不过来，就易发生死亡。一般情况下，第一只、第二只卵都会被亲鸟扔掉。

还有人认为，只要能繁殖出小鸟，亲鸟都有这个能力把卵孵出来。

抢救中心的专家决定还是让159和307自己把卵孵下去，看看后面的结果如何。

在朱鹮孵卵期间，朱鹮爸爸妈妈会每隔一段时间交替班，共同承担孵化幼鸟的任务。这段时间，朱鹮父母的警觉性非常高。过了一周，通过监视器，黄师傅发现159和307躁动不安起来。他吃惊地发现鸟巢中间只有3枚朱鹮卵！第4枚卵被它的父母拨到一边去了。159和307是不是像以前试验中的朱鹮那样把自己的卵遗弃了呢？

人工饲养情况下，鸟儿可能会发生一些异常情况。由于生存竞争比较激烈，笼舍活动面积比较小等原因，它们的情绪会比较烦躁。

159和307为什么要遗弃自己的孩子呢？是它没有能力承担父母的责任还是情绪受到影响？为了查明原因，黄师傅把朱鹮卵带回实验室研究。通过测试，结果让专家大出意外：这枚朱鹮卵居然是一个未受精的卵！

未受精卵这种现象不只是朱鹮有，其他许多鸟类都会出现这种情况。鸟类到了排卵期，都会周期性地排出卵子，然后由营养物质包裹起来就形成卵。生出来后，卵壳受到空气中二氧化碳影响逐渐变硬。如果在排卵时，是未受精卵的话，就不会产生小鸟。这就是我们平常见到鸡不需要受精也会产蛋，但是产出的蛋不能孵化出小鸡。我们在超市买的鸡蛋基本上都是未受精卵。159 和 307 产出一个未受精卵后，是孵不出小朱鹮的，这个未受精卵日子久了自然变质了，朱鹮爸爸妈妈会把它遗弃。159 和 307 产出未受精卵的情况让专家产生了犹豫，大家在想还要不要进行这个试验呢？

在人工饲养条件下，饲料如果比较单纯的话，就容易产生无精卵。三四月份产卵的话，无精卵比较少，如果是五六月份产卵，无精卵比较多。

专家们对 159 和 307 自然繁殖的能力还是产生怀疑。因为从目前来看 159 和 307 自然繁殖的能力还是有些欠缺。他们担心这两只朱鹮还能不能成为称职的爸爸妈妈。

4. 朱鹮卵孵化了

朱鹮卵一般要经过 30 天左右才能孵化出小朱鹮。转眼 159 和 307 已经孵卵近 3 个多星期，保护中心的专家们心都提起来了，因为小朱鹮出生这段时间将是最关键的，这时候壳里的小鸟开始啄壳准备出来了。在平时，专家们都会把朱鹮卵放置在人工孵化箱里。因为人工孵化箱可以调控朱鹮卵的温度和湿度，让小朱鹮有充足的时间发育成熟。而在自然孵化的过程

朱鹮 159 和朱鹮 307 的后代

中，许多朱鹮爸爸妈妈不能做到这一点。

鸟卵孵化期到了以后，当亲鸟用喙把第一个蛋啄出壳以后，一般情况下会发生把小鸟扔出巢的情况。自然繁殖如果能够成功的话，第一个鸟也会被扔下来，所以要尝试试验，必须付出代价，一般的话扔一个、两个，一直到第三个。

未来的几天对 159 和 307 来说将是最关键的时候！它们有没有毅力和耐性承担父母的责任？第一只小朱鹮能否顺利出生？它们会不会扔掉新生的小朱鹮？ 20 个小时过去了，第一只小朱鹮终于降生了！刚刚出生的小朱鹮身体还比较虚弱，159 和 307 忙着喂养自己的第一个孩子。

小鸟求食了，不住地在亲鸟嘴巴上叨叨，求食，亲鸟就开始给它喂了。

专家们当然非常高兴。今年产卵最早的朱鹮，首次有自己的小鸟活着出来，还是自己喂养的。刚刚开年就出现这么好的前景，他们心里特别高兴。

小朱鹮一生出来只有很少的绒毛，体温很高，看起来就像一小块红肉一样。朱鹮属于晚成鸟，要到一个月以后，这个小朱鹮才能自己飞下来吃食，一个月之内都要父母来喂养它。

一般按鸟出壳时的发育状况分为早成鸟和晚成鸟。一般来说，出壳后的雏鸟，全身有稠密的绒羽，腿足有力，立刻就能跟随爸爸妈妈吃东西，这样的雏鸟，叫作早成鸟。我们常见的鸡、鸭、鹅、雁等雏鸟是早成鸟。如果雏鸟从卵壳出来时，发育还不充分，眼睛没有睁开，身上的绒羽很少，需要由爸爸妈妈来喂养，这样的雏鸟，叫作晚成鸟，鸽子、燕子、啄木鸟、麻雀等的雏鸟都是晚成鸟。朱鹮爸爸妈妈后面的抚养任务还是很艰巨的，一不小心小朱鹮还是很容易死亡。这也是朱鹮自然繁殖比较难的原因之一。

小鸟出壳以后，亲鸟不会喂，因为刚出壳的小鸟只有四五十克，求生能力比较弱。双亲不会喂养，小鸟们有的头抬不起来，或者发生其他情况。由于父母亲没有经验，它就会认为小鸟已经死了，大鸟把小鸟扔下来的这种情况就会比较多。破壳，啄壳，再就是扔下来。

顺利的是，自老大出生以后，159 和 307 的另外两个儿子在一周内也相继出生。3 只小朱鹮的成功降生让专家们非常兴奋，更让他们意外的是 159 和 307

第一次当父母就十分出色。159 和 307 已经顺利地度过了生育最紧张的时刻。但是随之而来专家们又有些担心，159和307能不能把这3个小家伙养育长大呢？

专家担心大鸟不懂怎么喂养小鸟，当小鸟活着出来以后，大鸟并不是都能调配，照顾好所有的小鸟。比如老大、老二出来以后，相对比较强壮，出来早一点，求生能力就强一点，向父母要食程度就好一点，它的父母就给老大、老二喂了。老三比较弱，孵化出来的时间也比较晚，求不到食。不行的话就要通过观察，就要把它强制移出来，进行人工喂养。

159 和 307 不负众望，它们把老大、老二喂饱以后，对老三也格外照顾。过了几天，老三精神也逐渐好转，可以和哥哥们一起争吃的。为了让 159 和 307 有更多的食物哺育小鸟，黄师傅给它们安排特别的食谱，并且增加了喂食的次数。

这就是我们的英雄：159 和 307，一对父母繁殖了 3 只后代。小鸟非常健壮，出壳 20 多天了，小鸟羽翼长得都快丰满了，十来天后，小鸟就能够拍动翅膀起飞了。

同 159 和 307 一样，还有十多对朱鹮顺利地当上了爸爸妈妈。对于没有实现自然繁殖的朱鹮，专家采取了人工孵化。人工孵化出的小朱鹮和自然繁殖的小朱鹮相比，适应能力差了很多。

159 和 307 是人工自然繁殖结果最好、最理想的一对。专家一直把它们作为朱鹮自然繁殖的旗帜，是一对模范夫妻。

（陈锦春）

猴满为患

它们的习性与人相近，
它们的命运牵动人心。
昨天，我们朝夕相伴；
今天，它们将何去何从？

1. 猕猴伤人

除了家养的宠物，动物园的老虎、狮子、猴子大概是人类最熟悉的动物了。隔着笼子，人们可以观赏它们、逗弄它们。距离是安全的保障，可同时也是拒绝亲近的屏障。人和动物需要保持疏离。

可是，谁也想不到，突然之间降临的“亲密接触”也会带来麻烦。

“咬了？在哪里？”

“我看看。咬成这个样子！快去找公园的人，去打一针。”

“怎么咬的？”

“孩子站在这个地方没有动，这个猴子就守在那儿。我以为它不会动，也没人去逗它嘛，谁知它一下子就扑过来咬了一口……”

一个孩子被贵州贵阳黔灵公园里的猕猴咬伤了。

猕猴，国家二级野生保护动物，野生猕猴生性敏感，不敢轻易靠近人群，稍有风吹草动，猕猴便会逃之夭夭。照理说，野生猕猴是很害怕有人碰到它们的，尤其是怀孕的母猴和年幼的小猴。为了守护这些母猴和小猴，公猴们会很警觉地站岗放哨，一旦发现有人靠近，马上报警，猴群便一哄而散，躲藏到隐蔽之处。

黔灵公园的猕猴从何而来？为什么这里的猕猴不仅不害怕游人甚至还敢偷袭游人呢？

原来，黔灵公园的猴子不是野生的，而是从一个实验室里边跑出来的。据知情人介绍，大概是在 20 世纪 70 年代的时候分两批跑出来的，因为在 60 年代还没有见到过，后来就一直停留在公园里繁衍生息，到如今已经 30 多年了，这里的猕猴家族也壮大了不少。

黔灵公园是贵州省最大的城市公园，依省会贵阳境内的黔灵山自然景观而建，公园里植被茂盛，四季常绿，就仿佛是传说中的花果山。30 年前，从实验

公园的猴群

室跑出来的那十几只猕猴偶然发现了这块宝地，便决定在此栖息。在那个时候这可是群稀罕宝贝啊，公园的管理者怕它们跑了，曾经把它们关在笼子里饲养。后来黔灵公园设置了猴山景区，猕猴们也就脱离了铁笼，开始自由自在的“山野生活”，这时候整个公园的猕猴已有将近500只了。

猕猴的灵性，吸引了越来越多的游人前来游园，有的市民甚至几乎每天都要到公园喂喂猕猴，花生、糖果、果冻，变着花样地带猴儿们爱吃的东西。用他们的说法，一天不来看看这些孩子似的小家伙，“心里面就特别不自在”。

黔灵公园的猴子不是野生的，是从一个实验室里边跑出来的

然而，都说人多势众，猕猴也一样，同伙多了，原本胆小害羞的猕猴当然也就不太害怕游人，甚至开始仗势欺人了。

老可可，是公园里的元老级王后，今年已经20多岁了，猕猴的寿命一般在25年左右，如此看来，老可可也应该算是老寿星了。如果当年老可可一家完全依靠野外采食，遵循“适者生存”的自然法则，优胜劣汰，现在它的子孙后代肯定不会有这么多。那么，究竟是什么原因导致黔灵公园的猕猴如此之多呢？

这就不能不说是游客投食的功劳了。这几年来，市民生活水平提高了，旅游业也相应发展了起来，直接表现为公园游客的数量增长很快。再加上游客们总是带来很多的食物投喂猕猴，无意中为它们营造出了一个比较轻松良好的生存环境，这样猕猴的数量也就大幅度提高了。

猴丁兴旺，在游人看来是件好事，可是，这么多的猕猴，却让公园管理者忧心忡忡。公园管理者担心，猴子数量增加以后，猴群内部的争斗就会比较频繁，打斗不但会给猴群本身造成肢体上的伤害，同时也很可能导致猴群的情绪持续紧张。并且，这样就会很容易发生猴子攻击、伤害游人的事件了。

那么，猕猴多了就一定会伤人吗？

68 岁的任教授已经连续六年来喂猕猴了。像任教授这样经常来公园喂食的志愿者有近百人，他们眼里的猕猴不仅不会伤人，还是非常可爱的精灵呢，它们“乖得很，根本不会抓伤人的”。有的猕猴还会跳到一些喂猴人的身上，嬉戏玩耍，猴子不害怕他们，也不会伤害到喂猴人，人与猕猴和谐相处。像任教授，自己每个月的退休金并不多，可是日常喂猴的开销就得有好几百元，冬天还有可能达到千元以上，宁可自己省吃俭用。看来任教授真是把这些猴子们当成了自己的孩子了。任教授说：“如果说它没有感觉到人在伤害它，也自然不会伤人。像我们现在都熟悉了，它们都认识我，特别乖。”

然而，接二连三的猕猴伤人事件毕竟也是事实，类似这样的猴子抓伤咬伤游人事件，在黔灵公园，每年都有十几起，而且大有愈演愈烈的势头。这正是令管理员深感苦恼的地方。

十几年来，公园的管理者们也是眼看着这个猕猴王国逐渐壮大起来的，对猕猴，他们也有着深厚的感情，可是，随着游人对猕猴的娇惯溺爱，猕猴也越发胆大妄为。究竟怎样才能既保护好游人的安全，又能给猕猴一个自由生活的空间呢？

经过一段时间的仔细观察，管理员发现，猕猴并不是什么人都咬，猕猴伤人也分时间、场合和对象，往往是在人少的地方，猕猴饿了或者心情烦躁它们才会偷袭游人。最关键的是，被猕猴袭击的对象，往往都是初来乍到的弱势群体，尤其是活泼好

黔灵公园是贵州省最大的城市公园，植被茂盛，四季常绿

老猴王就是这样的孤猴

早几年它也曾经是这个王国中显赫一时的首领

老猴王自己孤孤单单到处流浪

这种猴王心情不好，如果一惹了它，它可能就抓你咬你

猕猴和人类同属于灵长类动物，在习性上有很多相近的地方

动却弱小的孩子。

曾经有一个小女孩，在和猕猴接触的过程中，因为她不了解猕猴，导致猕猴以为她正在做出攻击动作，结果就趴在她的肩头咬了一大口，鲜血顿时从肩头流了下来，伤口很严重。

看来，猕猴伤人还是分对象的。给它好吃的，它就不咬你，对于那些初来乍到的陌生人，特别是小孩子，猕猴们平时吃惯了别人喂的香蕉、苹果、花生米之类的好吃的，见到一个小孩子什么都不给，还冲它摆手不知道是要打它还是跟它逗着玩，猕猴心里自然不高兴，本能的好斗习性就表现出来了，不咬一口就不解心里的怨气！那么来逗猴的游人，只要每个人都带点

乖巧的猕猴

好吃的给它，问题不就解决了嘛，反正猕猴们是有吃的就跟人亲近。

事情真的是这样简单吗？

2. 贪吃的猕猴

俗话说，民以食为天。对猕猴来说，吃什么，怎么吃，也是它们的头等大事。猕猴喜欢吃鲜嫩的树叶和粗纤维的野果子，偏爱甜食，当然，最鲜美可口的还得数香蕉、鸭梨之类的水果。任教授和她的同伴们，几乎是风雨无阻，每天都要背着十几斤花生米和各种水果点心来喂这些猕猴，有时还把自己吃的糕点都带来给它们吃。

猕猴喜欢吃鲜嫩的树叶和粗纤维的野果子

开始的时候，猕猴也是不挑食的，游人喂什么，它们就开开心心地吃什么。可是时间一长，随着食物的丰富，猕猴们也开始挑肥拣瘦了，只有一些色香味十足的甜食才能得到它们的青睐。游客为了多接近猕猴，也就越来越多地带来诸如巧克力、果冻之类的食物，这些美味对喜欢甜食的猕猴来说，无疑是上等大餐。看着猕猴吃得津津有味，喂猴的市民很欣慰，可是公园管理者却有着另外的担心。

这样的投食行为固然能为猕猴们提供充足的食物来源，保证了猕猴生长所需的营养补充，可是，另一方面，这些游人投喂的食物基本都是人的食物，里面不乏高热量、高脂肪的东西，甚至还有些带有色素的，这显然不利于猕猴的身体健康。营养价值最高、口味最好的食物未必是最适合它们的。从猕猴的生理需要来讲，它还需要更丰富的营养和微量元素，只有取食于自然的东西才能完全满足这些健康的需求。

营养过剩、肥胖，这些都还不是最让人担心的问题。市民对猕猴的关照越来越细心，连花生也是剥好了皮才带来。现在，公园里的猕猴已经不用像老祖先那样需要自己去采食树叶和野果子了，依赖游人投食，已经成为猕猴的生存方式。对于公园里的猕猴来说，野性退化看起来也不是什么大不了的问题，相反，它们越是温顺乖巧，就越是讨游人的喜欢，这样它们就可以像孩子一样与人嬉戏，亲密接触。可频繁的猕猴伤人事件却明明在告诉我们，事实并非如此理想。

野生猕猴生性敏感，不敢轻易靠近人群

猕猴的灵性，吸引了越来越多的游人前来游园

猕猴和人类同属于灵长类动物，在习性上有很多相近的地方。很多时候，猕猴表现得非常容易与人亲近，和谐相处，可是，在这些看似和谐的表面之下，恰恰也暗藏着许多隐患。

最直接的一个隐患就是人畜共患病。正因为猴类和人类同属灵长目，而同一个目里面的物种基因能够达到 99% 的相似度。基因组基本上相似，就意味着两者容易患上同样的疾病，这就是人畜共患病。具体来说，就是人可能被猕猴感染患病，猕猴同样也有可能被人类传染患上疾病，严重的情况

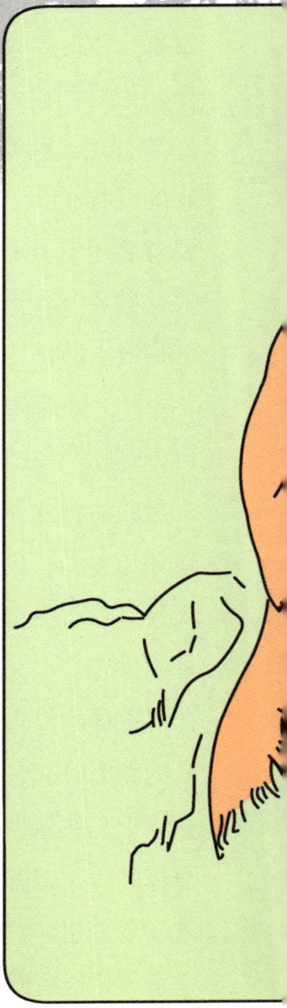

还会引发猕猴群体的集体患病，甚至全军覆没。到那个时候，爱护动物的人们大概会更伤心吧。

然而，不亲近猕猴，不给猕猴投食，这个要求对于那些已经把猕猴当成自己孩子的游人来说，似乎很难。至于那些经常和猕猴打交道的人更是觉得人畜共患病这个说法有点危言耸听了。

“到现在也没有发现这种动物传染疾病啊。再说，我们喂食的时候还是很注意的，有时候猴子身上有皮肤病，我们就尽量不接触它，把食物丢给它就行了。”

这是喂猴人的说法。

可是黔灵公园每天要接待上万人，像任教授这样的相对固定的志愿者仅仅是一小部分，可以说绝大部分游人是偶尔过来玩的，最让人担心的恰恰就是这些偶尔过来的流动游客，一时高兴，随便丢点东西逗猴子，既不干净，也不一定适合给猕猴吃。真要是给猕猴传染上什么疾病，或者被猕猴传染上什么疾病，后悔可就晚了，像 SARS、禽流感不就是很典型的例子吗？只要是亲密接触，就不可掉以轻心，还是应该防患于未然。

3．和谐相处

30 年前，公园管理者把这十几只猕猴关在笼子里

这十几只猕猴可是公园的稀罕宝贝

黔灵公园仿佛是传说中的花果山

如何防范？把猕猴关进笼子？不行！因为猕猴是国家二级保护的野生动物。那么，劝说游人不要近距离接近猕猴？似乎也行不通。看来只有加强对猕猴的管理了。虽说猕猴很聪明、通人性，可是要对猕猴实施科学管理，还是有很大难度的，既不能说教讲道理，又不能用强制手段，这可把公园管理者们难住了。那么，有没有什么诀窍，可以尽量避免猕猴之间的暴力冲突，并减少猕猴对游人的骚扰呢？

经过长期观察，管理人员发现，骚扰游人的往往是一些性情怪异的孤猴。老猴王就是这样的孤猴，想当初它也曾经是这个王国中显赫一时的首领，但是，随着年老体弱，老猴王和王后逐渐失去了威望，年轻猴王出来占据了它的领地。而被年轻猴王赶下台以后，老猴王就变成真正的孤家寡人了，任何一个群体都不会要它，年纪又大了，只能夹起尾巴，

整个公园的猕猴已有将近500只

庞大的猕猴群体，脱离了铁笼，自由地生活在公园里

一些市民几乎每天都要来公园喂猕猴

孤孤单单地到处流浪，就连吃饭也得悄无声息地退居其后，等别的猕猴吃饱喝足，才能上前捡些残羹剩饭填饱肚子。通常，这种猴王就比较容易伤人。

除此之外，整个庞大的猕猴王国只有一个猴王，权力过于集中，猕猴数量又是如此之多，猴群中难免会出现各种矛盾。比如，一群猕猴就是一个相对独立的王国，猕猴王国可以容纳很多母猴，妻妾成群，但却很难容下猴王以外的成年雄性猕猴，尽管这些雄性猕猴大多是国王的亲生儿子。猴王用实际行动给他的后代做出了榜样——猴王的地位是凭借自身实力，打拼出来的，谁想坐上这个宝座，都要进行决斗。猴王称霸后，才能把尾巴高高竖起来。

猕猴王国里所有的雄性猕猴长到四五岁时，都要面临一场残酷的实力较量，决出等级。这个等级是经过实力的比拼争斗以后产生的，根据实力的大小，就像排座次一样顺次排下来。座次一旦排定，等级越高的，比如猴王，就越能优先享有各种权利，包括繁殖的权利、交配的权利、进食的权利以及支配其他低等级猴子的权利等等。

游客带了很多的食物投喂猕猴

了解到这些以后，管理人员豁然开朗——何不趁着这个机会，把一个庞大的猕猴王国分割成几个小群落，让拥挤的猴群得以疏散，这样不就能够化解很多矛盾吗？本来在决斗中战败的猕猴就不甘心继续留在原来的家族接受大猴王的统治，它们也一直在

游人对猕猴娇惯溺爱

开始，猕猴不挑食，游人喂什么，猕猴吃什么

有的猕猴竟然跳到喂猴人的身上嬉戏玩耍

寻找机会，重振雄风。

利用猴王争霸夺权的机会，公园又增设了几个新的投食点，这就为那些败下阵来的孤猴开辟了新的领地。新领地开辟在比较偏远的地方，远离旧有“王国”

一些色香味十足的甜食得到了猕猴青睐

猕猴越是温顺乖巧，越是讨游人的喜欢

人与猕猴和谐相处

公园又增设了几个新的投食点

的中心领域，而习惯喂食它们的市民也可以选择转移到新地点，继续关照并抚慰这些在决斗中失意的孤猴，而相对乖巧老实的猕猴则可以留下来。这样一来，原来的一个大部落被逐渐分解成大小不一的五个部落，每个小部落的猕猴不超过一百只。战败后的猕猴就会带着它喜欢的母猴，在新地盘上另起炉灶，开始新的生活。

看着猕猴吃得津津有味，喂猴的市民很欣慰

棘手的问题，就通过这样简单的方式解决了。如今，经过各种媒体的大力宣传，市民和游客也逐步对猕猴有了科学的认识。市民们现在来投食也会尽可能带一些洗净的绿叶蔬菜、红薯南瓜等粗纤维低热量的食物给猕猴，既经济又实惠。至于吃剩的火腿肠榨菜之类的，可要小心了，拿去喂猕猴的话说不定真被它们咬上一口呢。

希望有一天，人类不但是与猕猴，而且与其他的生物都能真正和谐相处。

（陈沫）

人狼智斗

动物园春季免疫遇难题，如何给 13 只狼接种疫苗，让工作人员伤透脑筋，摆下活羊大餐也难引狼入室，一次又一次的尝试都以失败告终，这场人与狼的较量究竟谁是赢家呢？

1. 疫苗与野狼

在自然界，它是一种戒备心很强的动物，它像幽灵一样来无影，去无踪，常闻其声，常见其害，却难见其容。它作为体形较小的犬科动物，除了具有敏锐的嗅觉，它还是最倔强、从不屈服的猛兽，也是目前没有被人类驯服的动物之一。

狼像幽灵一样，常闻其声却难见其容

它就是狼。

狼在人们的印象中是凶狠、狡诈，形容狼的也大多都是贬义词，什么狼心狗肺、狼狈为奸等等，而真正的狼是什么样呢？

2005 年春天，在大连森林动物园里，为了给 13 只狼注射疫苗，工作人员大伤脑筋，他们花了一个多月的时间与狼打了

5 场硬仗。真可谓斗智斗勇，险象环生。

大连森林动物园的这 13 只放养的狼，大多数是从野外引进的野狼，它们具有很强的野性。通过不断磨合已经形成一个群体，每只狼在狼群中都有自己的位置，既有担负警卫工作的警卫狼，也有体格健壮的狼，它们的头领，也被称为狼王。

在饲养的过程中，大家已经感觉到，其实在野外，狼是非常聪明的一种动物，散养园应该说与野外还有一定差距，但是这十几只狼，已经完全组成了一个狼群，而且这个狼群的结构已经很清晰了，虽然活动面积小一点，但是狼的智慧通过这个狼群已经表达出来了。

在动物园里，对于不同的动物免疫方式也不同。像丹顶鹤这样人可以接近的禽类，直接注射就可以了，非常方便。公园里的 20 多只丹顶鹤，工作人员只用了两个小时的时间就完成了接种。给人不容易接近的动物打疫苗，就需要把它们关起来用吹管的方式进行，它们有各自的笼舍，休息和喂食都在笼舍里，所以把它们关起来也不是件难事，40 多只老虎只花了两天的时间就完成了免疫任务。而给狼打疫苗可不像老虎那样简单。怎样把放养的这 13 只野狼关起来？这可给工作人员出了一道难题。

狼是目前没有被人类驯服的动物之一

工作人员把一只羊绑了起来做诱饵

2. 四次失败的诱捕

最开始的时候，他们像诱捕其他饲养区的猛兽一样，想用它本身的笼

担负警卫工作的警卫狼和狼王

舍，因为饲养区里面都有笼舍，狼有狼的笼舍，但是狼跟其他动物不一样，狼它在外面有洞穴，一般不回笼舍。

原来狼生性多疑，在放养区，它不进人们给它准备的笼舍，而是住在自己挖的狼窝里，它们挖的狼窝四通八达，所以用为它搭建的笼舍来关住它们根本没法实现。另外狼活动的区域达 5 000 多平方米，怎样把狼关起来成了给狼打疫苗的一道难题。工作人员想出了一个办法，利用一个叫安全岛的区域，把狼群集中起来。

所谓的安全岛，是一个用坚固的铁网围成的铁栅栏，面积有 70 平方米，高达 4 米，其实安全岛并不是特意为狼建的。在野生动物园里，动物都是分区放养的，游客要坐巴士车来观赏动物。如果巴士车和猛兽之间只有一道门的话，猛兽随着巴士车就可以出来，加了这样的一个带有两个门的安全岛，猛兽跟巴士车进了这个里面之后，前面一道门还没有打开，这个时候可以把猛兽从后面门赶出去，然后再把后面门关上。所以，安全岛就是一个隔离带，一个起到隔离作用的安全装置。工作人员就想利用它来关狼，他们在安全岛做了一个拉门，方便狼进入安全岛。去年给狼打疫苗就是在这个安全岛里进行的。当时有9只狼，他们也费了一番周折，发现狼很难对付。随着去年秋季幼狼的出生和不断长大，狼群目前已经增加到了13只，这又给今年的疫苗注射带来很大难度。可是狼连笼舍都不进，怎么会进安全岛呢？

工作人员想了一个诱捕的方法，他们把喂狼的地方改在安全岛，准备用羊来引诱狼，为了防止羊逃跑，他们把羊绑在安全岛内。这种方法果然吸引狼来到安全岛，在狼吃了两只羊之后，对安全岛也没有太大戒心了。这时工作人员准备开始实施一项新的计划。

他们制作了一个笼箱，这个笼箱有两道门，狼通过笼箱进入安全岛，这时笼箱的外面的门被关起来，当狼往外跑的时候，再把笼箱里面的门关起来，这样狼被困在笼箱中，兽医隔着笼箱给狼注射。打完一只放一只，这样可以避免漏打，也避免重打。

2005年3月16日下午，第一次诱捕行动开始了。

狼会按照他们设计的方案行动吗？工作人员把特制的笼箱运到了安全岛。装到狼区与安全岛的进口处。给狼设计了一个圈套。准备进行第一次给狼的免疫计划。然后他们在安全岛里绑了一只羊。一切准备就绪之后，工作人员埋伏起来。这时狼迅速向安全岛跑来，可是到了进口，看到笼箱，他们开始犹豫了。狼是一种韧性极强的动物，只有饿到一定程度它才会冒险捕食。

为了诱捕成功，饲养员早在一个星期之前就给狼断食。此时机警的狼在入口处转悠了半个多小时，没有一只进安全岛。大家都非常惊奇，根本没有想到狼群对一个陌生的事物会有这么大的警惕性，宁肯饿着，饿了一个星期，也不去冒这个险，不去靠近这个笼箱。这一点是完全出乎人们意料的，既然狼对这个笼箱有这么大的恐惧感，看来工作人员要放弃这个计划了，这个笼箱看来还是要撤离。

原来，狼不仅有敏锐的嗅觉，还具有独特的直觉，尤其对环境的变化非常敏感。它可以根据很细微的变化判断周围发生了什么。没想到一个笼箱就使酝酿已久的第一次关狼计划轻而易举地破灭了。无奈之下，他们把笼箱撤掉了，

动物园春季免疫遇难题，
如何给13只狼接种疫苗，
让工作人员伤透脑筋……

准备第二天再按原来的方案进行。

3 月 17 日下午 4 点，第二次诱捕行动开始了。

已经饿了 8 天的狼显得有些无精打采，也许实在禁不住诱惑，两只警卫狼放松警惕，先后进来了。接着又有两只进来了，4 只狼进岛之后，这时迟迟等不来其他的狼。门口的狼没有一点进入的迹象。

张恒山暗示大家，别着急，再等着看还能进几只，不管怎样进 8 只再关。

结果 13 只狼只有 4 只进入安全岛，不过半数，还达不到免疫的要求。

眼看着做诱饵的山羊已经被狼啃了大半，他们只好放弃这次行动。

为什么要等到狼进去半数以上才能给它打疫苗呢？因为给动物打疫苗有一个免疫密度的问题，打疫苗是为了预防流行病的传播，如果免疫没有超过半数，那么流行病就会感染大批狼，就会死亡，所以只有超过半数才能保证大多数狼免受病毒侵袭，达到免疫的效果。

那么，关几只打几只是否可以呢？其实狼的特殊之处就是它是一种警惕性非常高的动物，比如关了 4 只，就给这 4 只狼打免疫针。但这 4 只狼会传递信息，那其他的狼就不会再进来了，这样，还是达不到免疫的要求。接下来，工作人员又进行了一次诱捕计划，可还是因为狼进安全岛的数量不够而放弃，接连 3 次的失败，使给狼打疫苗再度陷入困境。

狼生性多疑

经过 3 次与狼较量，工作人员惊奇地发现，狼群非常有秩序，它们采用集群作战的方式，每次进安全岛的狼都是固定的那几只，其

工作人员开会讨论诱捕方法

安全岛是一个用坚固的铁网围成的铁栅栏

他的狼有的在栅栏外徘徊，有的在远处巡视。在经历了 3 次失败之后，这时工作人员唯一的选择只能是多饿狼几天，让狼在饥饿的状态下失去理智。

毕竟，还是人类占有绝对优势嘛，比如说工作人员可以控制它们的饮水量，控制它们的食量，而且它们整天在这个范围内活动，也就是说，只要真正饿到一定程度的话，它们的忍耐性肯定会下降，降低到可能去冒险，所以人们就利用它这个弱点，饿它，饿 7 天不行，饿它 8 天。

3 月 28 日，第四次诱捕行动。

看到已经饿了 8 天，饥饿难耐的狼，工作人员实在不忍心。下午 4 点半，他们开始实施第 4 次给狼的免疫计划，这次一下就有 5 只狼聚集到入口处，看来这次有希望了。其中的一只率先进去了，直冲向那只羊，可怜的羊不愿就这样束手就擒，在奋力挣扎中挣断了绳子，这正中狼的下怀，狼开始尽全力把羊拖出这个危险之地。此时狼贪婪的本性暴露无遗，10 多只狼把羊很快消灭掉了。

利用安全岛把狼群集中起来

工作人员在安全岛做了一个拉门，方便狼进入

看着群狼啃羊，大家不免长叹一声。又一次行动彻底失败了。因为狼吃了这只羊之后，可能十天八天都不会再走进安全岛来了。

连续 4 次诱捕都败给了狼，一滴

药液也没打进狼的体内。这时工作人员不免有一些担忧，根据要求，春季动物免疫计划必须在5月1日以前完成。如果超出这个期限，免疫效果就会受到影响。

准备给狼这类犬科动物注射的疫苗，叫作“犬六联苗”，也就是打一针就可以预防狂犬病、犬温热、犬传染性肝炎等6种疾病。尤其狂犬病是非常严重并且爆发率很高的烈性传染病，如果没有疫苗保护，狼群一旦感染，就有可能大面积发病，甚至狼群有可能全军覆没。也许人们要问，给狼注射疫苗没有别的方法吗？比如把狼麻醉，再给它注射不是很方便吗？其实麻醉对狼的伤害非常大，不仅会影响它的肌体功能，还会影响它的神经系统，同时因为麻醉枪是远距离注射，威力很大，一枪打到身上，针头进入体内到7厘米左右，而且很难取出来。所以用麻醉的方式给动物打疫苗得不偿失。在动物园最常用的就是吹管的方法，在离动物三四米远的地方，把疫苗吹到动物身上。这样人与动物保持一定的距离，而且针进入动物体内也只有0.5厘米，动物在运动时很容易使针头脱落。对于狼这种人不好接近的动物，吹管注射是最安全，对它伤害最小的办法。但是用吹管的方法又不得不把它们关起来。

工作人员把喂狼的地方改在安全岛

3. 第五次较量

得知狼的免疫遇到难题，园长也非常着急，一次次的较量使他们感到狼的耐力和智慧不可低估，可是为了保护狼的健康，对狼群的免疫工作又不得不进行。此时他们内心充满矛盾。注射疫苗的目的也是保护它们，如果

为了防止羊跑走，他们把羊绑在安全岛内

狼吃了两只羊

为了打疫苗把狼都饿死的话，那不就事与愿违，就没有意义了，那就不如不给它打，这种情况下工作人员也有底线。动物园工作人员王东春说，狼最多只能饿9天。再说狼群里面还是有怀孕的母狼的，现在正是妊娠期的后期，如果饿的时间太长了，也对它可能造成影响，大家都于心不忍。

眼看动物春季免疫计划离最后期限只有20多天时间了，工作人员决定利用这有限的时间，再试一次，如果再输给狼，他们将不得不放弃。狼区与野狗区只有一网之隔，看到每天按时享用美餐的野狗，狼流露出羡慕的目光，这样的忍耐还需要持续多久？

4月10日下午4点40分，第五次较量开始了。

当最后一班观光巴士驶出大连森林动物园以后，安全岛内工作人员准备进行第五次捕狼计划。为了避免羊被狼拖走，他们改用铁丝把羊绑在栅栏上，为了吸引更多的狼进入安全岛，他们特意为狼摆了两只活羊大餐。经过周密的部署之后，安全岛与狼区之间的铁门被拉开了，这时饿了9天的狼再也顾不得危险了，其中5只首先冲进安全岛，直奔向山羊，狼王居然也在其中。第6只狼依然在犹豫，最终它还是妥协了。第7只狼看到狼吞虎咽的同伴，它终于再也忍不住了。已经有7只狼进入安全岛，工作人员关上了门。这时包括狼王在内的7只狼被关了起来。

狼对环境的变化非常敏感

门突然被关上之后，狼的表现

更让大家吃惊。它们立即放弃嘴边的美味，发疯般地展开大逃亡，向4米高的铁笼发起猛烈的冲击，每只狼都想尽各种办法摆脱困境。

狼群又增加了新成员

看到被饿了9天的狼还有如此大的威力，工作人员感到非常意外，也更加紧张，他们马上分散到安全岛四周，严密防守，以免发生危险，就在兽医兑药的过程当中，意想不到的事情发生了。狼王突然发力，跳起3.5米，表演起空中飞狼的绝技。

大家眼睁睁地看它跑了出去，但是它跑的区域是野狗区，野狗区没有布置人，为什么？因为野狗区正常情况下是不允许进人的。

狼王逃跑之后，其他的狼不断尝试，试图用各种方法逃走。但是它们终究没有狼王的功力，多次尝试都失败了。其中4只先停了下来，这时兽医抓紧时间给它们注射。另外两只仍然做着最后的挣扎，但是最终也败下阵来。终于在下午5点40分，6只狼全部被兽医用吹管注射了疫苗。经历了5个回合的较量，狼的春季免疫注射终于完成了，给动物园的春季免疫计划画上了一个完美的句号。

小狼崽已经被狼妈妈带出来晒太阳了

第二天，狼群又恢复了平静而快乐的生活，疫苗将在15天之内在狼的体内产生抵抗病毒的抗体。在人们的呵护下，大连森林动物园的狼群也将不断壮大。

此后，来自大连森林动物园的消息说，狼群又增加了新成员。狼群中那只怀孕的母狼生下了7只小狼崽，现在已经被狼妈妈带出来晒太阳了。也许下一年的免疫工作会给工作人员带来更大的挑战。不过通过与狼的斗智斗勇，让我们对狼的习性又有了更深刻的认识，也给了我们很大的启迪，那就是自然万物有它们的生存法则，人类只有更深刻地了解它们，才能更好地保护它们，与它们和谐相处。

（冯志凌）

拳击手鲁鲁

喜欢拳击运动的朋友都知道，在拳击界里能稳坐第一把交椅的高手并不多，人称“怒吼的雄狮”——阿里；无敌霸王——泰森；职业杀手——赫恩斯；秃头魔王——哈格勒，这些顶级的拳击高手，他们的本事可不是一天两天就能练出来的。既然连我们人练拳击都那么难了，那动物练起拳击来又会是什么样子的呢？这个故事的主人公鲁鲁，两年前还是袋鼠群里一只无名小卒，如今却摇身一变，成为今天的“拳击明星”……

1．初出茅庐

早在一百年前，西方就流行起一种竞技性非常强的搏击运动——拳击。拳击被称为“勇敢者的运动”。经过了一百多年的漫长发展，这种运动的形式没有太大的变化，只是最后浓缩成几个简单的动作。如果我们把拳击的动作分解开来，不难发现，这项运动不外乎几

重量级的拳击新手——鲁鲁

个出拳动作，如直拳、勾拳等。看起来好像非常简单，实际不然，要成为一个出色的拳击手一点都不简单，因为你要在这几个简单的动作上好好下功夫，把它们组合成千变万化的招数。才能置敌人于死地。如果你嫌职业拳王争霸赛看得不够过瘾，那么我们不妨看看动物世界中的重量级的拳击新手——鲁鲁。

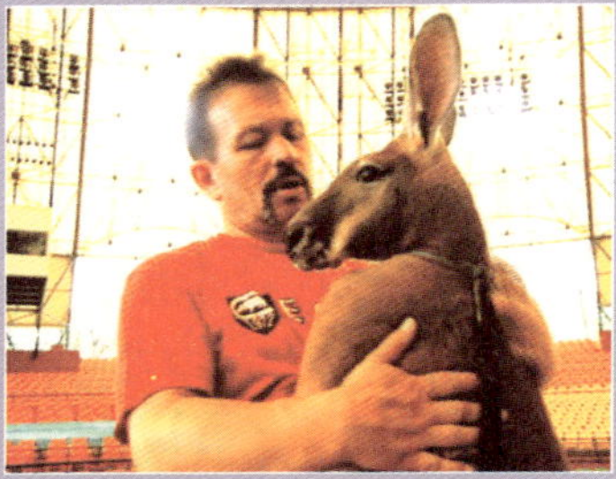

拳击手鲁鲁，身高1米80，体重180斤，有两年的拳击生涯

俄罗斯籍优秀驯兽师罗曼和鲁鲁在一起

拳击手鲁鲁，身高1米80，体重180斤，两年前，它只是袋鼠群里的一只无名小卒。经过两年拳击生涯的锤炼，它练得一副矫健身手，英姿勃发，出拳利落，只要一个回合可能就让你难以招架……也许，有时候它可能会忍不住踹你一下，当然，小鲁鲁也会付出犯规的代价。可是，昔日弱小的鲁鲁，是怎么摇身变成今天的拳击明星的呢？事情还得从鲁鲁可怜的身世说起。

当鲁鲁还是一个小不点的时候，它就被亲生父母狠心遗弃，几经波折最后才落户到广州长隆野生动物世界，在一位饲养员的贴身照顾下，鲁鲁一天天长大了。然而，就在这时，这位鲁鲁最信任的饲养员却突然离它而去，鲁鲁一下子又回到了孤独的世界里。

自从照顾鲁鲁的管理员走了以后，它的脾气就怪怪的，食欲大减，慢慢地鲁鲁对食物失去了兴趣，对所有人都起了戒心，似乎不再有任何人能取得它的信任。鲁鲁开始变得非常情绪化，动不动就对人使用暴力。有一天，它突然就给了饲养员一脚，疼得饲养员半天没回过神来……这种动物真是太凶猛了。被鲁鲁攻击过的饲养员非常后怕。

2. 遇见伯乐

在鲁鲁生命中最黑暗的时候，一位伯乐悄悄出现了……他非常理解鲁鲁的异常行为，他认为，动物是有野性的，但驯化是有技巧可言的。

鲁鲁训练以来挥出的第一个拳头

他就是罗曼，俄罗斯籍优秀的驯兽师及演员。在长达 20 多年的表演生涯中，他曾经成功驯化过许多动物，比如驴、骆驼、河马、猪、猕猴等等，他精湛的演出深受观众喜爱，用如日中天来形容罗曼的事业可以说一点都不为过。然而没有人知道，其实在罗曼心里，一个愿望迟迟没有实现。

大概是 20 世纪 80 年代初的时候吧，他第一次看见袋鼠表演的节目，真的

少了父亲的管束，基曼和鲁鲁相处得非常轻松

基曼有大把的时间和鲁鲁单独相处

非常精彩，袋鼠笨笨的样子，特别可爱，让罗曼非常难忘。他想，如果让这样可爱的动物做他的表演搭档，那该多棒啊，可是，他什么时候才能等到这个机会的垂青呢？

2000 年，罗曼带着他的马戏家族，来到了广州长隆夜间动物世界继续发展他们的表演事业，也就在这时，他梦寐以求的机会终于来了。他说：“我来这里本来只是想继续表演我原来的节目，可是，听说这里饲养了一群袋鼠，这个消息让我太兴奋了，因为，我想，我是不是可以实现我的梦想了！”

说干就干，罗曼第一时间就赶赴了袋鼠的饲养区，希望能在这里物色到他未来的最佳搭档，让他意想不到的是，令人扫兴的一幕发生了：

饲养区的袋鼠们由于很少和生人接触，一点风吹草动就能使它们惊恐万分，罗曼的出现让它们一下子作鸟兽散了，饲养员警告罗曼，袋鼠的胆子都很小，它们的情绪容易激动，加上视力非常糟糕，如果他再靠近，袋鼠们有可能会自我残害。

一时间，罗曼也不敢轻举妄动。

然而就在这时，有一只袋鼠似乎显得与众不同，它就是鲁鲁。

鲁鲁很特别，可能因为它从小就是被人类抚养大的，它对人不是特别排斥，还有它的年龄、体型，正好都是罗曼喜欢的类型。尽管饲养员警告罗曼，它可能比别的袋鼠更暴躁更危险，但是罗曼还是禁不住在内心欢呼：噢，我的最佳搭档终于出现了。

为了尽快培养感情，罗曼几乎一有时间就到饲养区去探望鲁鲁，希望鲁鲁能熟悉自己的声音和气味，尽管如此，暴躁的鲁鲁对罗曼还是非常不礼貌，可罗曼不仅不泄气，还为此灵机一动。

鲁鲁的个性有一点好斗，脾气很暴躁，如果它和你不熟悉，它就不允许你靠近，甚至不让你和它对视。你拿它真是一点办法都没有，不管你对它多友善，它就是喜欢拳脚并用来表达它的思想和感情，这让罗曼想到了拳击。以前罗曼曾学过拳击，他转念一想，它爱打人，那就顺着它，教它拳击会不会是个好主意呢？

就这样，鲁鲁被罗曼接到了马戏团，人都说“师傅领进门，修行看个人”，可是，罗曼这个师傅，一点都不敢怠慢。

这里的一切都是陌生的。鲁鲁能适应这里的生活，成功地学会表演吗？

正所谓“工欲善其事，必先利其器”。教练介绍，在拳击训练的入门课上，首先要学习站立和移动的姿势，这是首先必须规范和练习的一个重要部分。只有站稳了，移动灵活了，才能镇定出击、灵活躲闪。然后再逐渐拆开动作，练习每一种拳法。站立和移动姿势的要点如下：

1. 两腿分开，站于一条线的两侧，前腿的膝盖略微弯曲，不宜绷得太紧。

2. 重心要 7 分放于前脚，3 分放于后脚。

3. 步子移动的时候，要平滑着来回挪移，双脚更替抬离地面，呈走路姿势。

这些看起来简单的动作很多学员都学了很久，但是还是做得不太到位，就连人都克服不了，何况是动物呢？那么平时只会蹦会跳的袋鼠学起来，又会有什么样的难度呢？这个，我们还是得从袋鼠的老祖宗说起。

从远古时代开始，袋鼠这种特殊的袋类哺乳动物，就生活在澳洲和南美的大陆板块上，特殊而隔离的环境让它们逐渐进化成了特殊的体格。

袋鼠的奔跑速度可以达到每小时 60 千米，它后肢的弹跳力非常惊人，轻轻一跳就可以打破人类的世界纪录，粗壮的尾巴保证了身体的平衡，脚底上长着

袋鼠的奔跑速度可以达到 60 千米每小时

基曼给鲁鲁戴上了手套

罗曼从背后抱住鲁鲁，想借用外力帮助鲁鲁把背挺直

一块厚厚的脚垫。别看一只成年的袋鼠站起来比人还高大，但是，从袋鼠的脑部骨架上看，袋鼠的脑容量非常的小。动物专家解释，袋鼠的体重大约有七十到九十千克，但是它的脑袋小得可怜，那么它脑容量方面更是比较低等，因为这样显得它四肢发达、头脑简单，生活方式包括思维模式都比较简单化，单一化。袋鼠的主要优势在于下肢，前肢退化得短小而无力，更重要的是，袋鼠的智商并不高，种种劣势表明，即使长时间的强化练习，训练袋鼠打拳击也有可能是徒劳无功的事情。那么罗曼又是怎样打破这些限制的呢？

3. 屡败屡战

袋鼠虽然会直立，可这样的姿势毕竟撑不了多久，怎么才能让它站稳了，多撑一会？罗曼从背后抱住鲁鲁，想借用外力帮助鲁鲁把背挺直。但是，这招好像不是很灵。实在不行，那就先学拳法吧，站得稳不如打得漂亮嘛，因为怕被鲁鲁长长的爪子抓伤，罗曼先让儿子和助手给鲁鲁戴上早已准备好的拳套。不过，鲁鲁好像也不太乐意。鲁鲁的拳击课正式开始了，罗曼耐心地示范每一个动作。可是鲁鲁竟然呆若木鸡，就是不领罗曼的情，罗曼甚至怀疑自己是不是看走了眼。

太奇怪了，鲁鲁以前那种好斗的、暴躁的坏脾气突然没有了，你越招惹它，它反而越顺从，不论你怎么向它挑衅，它都不会生气。

鲁鲁的拳击课正式开始了，罗曼耐心地示范每一个动作

还好罗曼不是一个急性子，他甚至愿意把旧的表演任务暂时中止，全身心地投入到训练鲁鲁的过程中，然而，这样的决定让一家人都非常不满，罗曼的压力也非常大：原来的节目正是全家人的收入来源。我当时就好像对鲁鲁下了一个赌注。不知

既然连我们人练拳击都那么难，
动物练起拳击来又会是什么样子呢？

基曼和鲁鲁之间的配合随意、自由，不强求步法

道为什么，我总觉得它一定会成为马戏团里新的明星，尽管我身边的阻力很大，但是真的，我还是想尝试一下，这让我很矛盾。

日子一天天过去了，鲁鲁的练习没有一点进展，无论罗曼费多大劲，鲁鲁竟然没有记住任何一个动作。

其实，在自然界中，袋鼠应该是个天生的拳击手，雄袋鼠为了赢得未来配偶的芳心，通常都是通过这种类似于拳击的方式进行竞争，而且，它们短小的上肢就特别适合打斗。按理说，鲁鲁学起拳击来应该易如反掌。

然而，自然界中的打斗毕竟是同类间“物竞天择、适者生存、赢者为王”的本能反应，但是在训练场上，鲁鲁的打斗面对的并不是自己的同类，而是一个异类——人。再说了，鲁鲁在人工的饲养环境下也不用承受生存的压力，那它挥拳头出击的动力就小得多了。甚至，它可能会觉得莫名其妙，我为什么要跟你打架呢？

家人向罗曼下了最后的通牒，如果再在鲁鲁身上下功夫，他们其他的节目将受到极大的影响，在重重压力之下，罗曼终于放弃了对鲁鲁的训练。罗曼又投入到旧节目——河马表演的紧张训练中。

鲁鲁则又恢复了它孤孤单单的生活。

照顾鲁鲁的任务落在了罗曼的儿子基曼身上，基曼很喜欢鲁鲁，但是，他却一直没有机会接近鲁鲁。现在，基曼有大把的时间和鲁鲁单独相处了。

4．命运的转折

少了父亲的管束，基曼和鲁鲁相处得非常轻松，他根本没有意识到，这也许是一件危险的事情。抱着好玩的心理，基曼给鲁鲁戴上了手套，基曼开始随意地和鲁鲁闹腾了起来。谁也没有想到，鲁鲁竟然做出了一个抵抗的姿势，而这也正是鲁鲁训练以来挥出的第一个拳头。基曼：“天啊，它竟然重重地给了我一拳，我完全没有心理防备。”

鲁鲁竟然很快就被基曼调动了起来，就像一个被激怒的拳击手，用拳头疯狂地回敬着基曼。然而，也就在这时，鲁鲁却突然失控了。

基曼说，它的力气实在太惊人了，你想象不到那有多疼，一下子昏天黑地的，不过我那时候满脑子想的就是，鲁鲁终于学会打拳了。

为什么基曼就这么容易让鲁鲁打起来呢？

罗曼总结了一下基曼和鲁鲁打斗的风格，终于找到了过去鲁鲁不肯配合练习的真相，原

基曼也加入到对鲁鲁的训练中

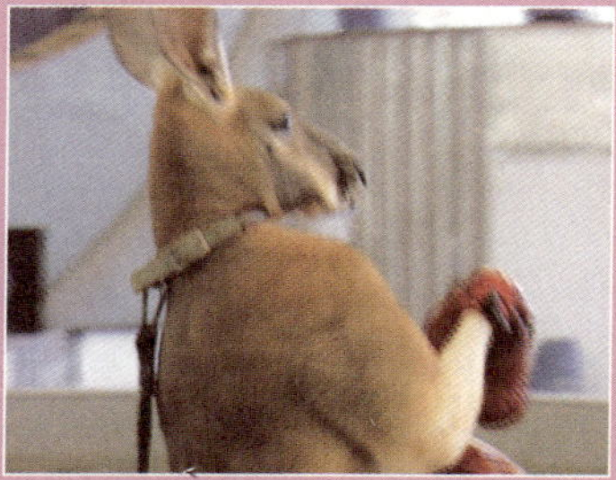

鲁鲁的积极性很快就被调动了起来

来，过去自己的训练方法大大违背了袋鼠本身的动作习惯，而且训练强度也超过了袋鼠的身体负荷，这样也就很难形成条件反射。比如说，罗曼想让鲁鲁练习用脚平移前进，但是这样违背了袋鼠的动作特点，即使暂时能改，时间一长了，它原本的动作习惯还是会恢复过来，这也就是为什么基曼会被一脚踹倒的原因了。

再加上，前面提到过，袋鼠是一种脑容量比较小的低等哺乳动物，它接受的信息量非常有限，只能循序渐进，而罗曼却把整天的时间都耗费在鲁鲁的训练上，这其实等于做了很多无用功。

另一方面，从进化的角度说，袋鼠的前肢其实是退化的，虽然相对其他的肢体，前肢显得灵活一些，但是仍然不可能达到像人类拳击那样，活灵活现地使出各种拳击招数。它只能凭借自己本身的动作方式，以及有限的记忆力，去反击对方。所以说，真的是强扭的瓜不甜啊，罗曼前期的训练的确操之过急了些。

反过来，基曼和鲁鲁之间的配合就随意、自由得多，不强求步法，也不要求什么标准的姿势，所以鲁鲁是以一种很自然、很放松的状态出击的，当然也就很快上手了。

儿子挨的一顿揍，让做父亲的又有了新的想法，袋鼠的生理构造决定了它的动作习惯，与其勉强它记下人类的拳击动作，既打消它的积极性，也限制了它的自由，倒不如随它去好了，它爱怎么打就怎么打吧。罗曼想，既然西方的拳击只能动手不能动脚，鲁鲁不习惯，那干脆就练泰拳吧，泰拳就可以手脚并用了。罗曼："哈哈，当然这只是个玩笑，总之，现在我知道了，自由发挥比强行的灌输，来得更有效，我想，与其叫训练，还不如从今天起，把训练当作玩耍吧。"

从这天起，训练场上多了一个人的身影。

基曼也加入到对鲁鲁的训练中，新的训练方法果然有效，鲁鲁的积极性很快就被调动了起来，它的个性也比过去活泼多了，动作自然也就放开了很多。当然了，有的时候，打架也会上瘾，鲁鲁一旦失控了，难免会发生一些意外。

5. 正式登台

一年后，鲁鲁已经长成了1.8米的大小伙子，瞧瞧，就连胸肌都长出来了。鲁鲁的“拳法”也比过去熟练多了，和罗曼父子之间的配合也更默契了，然而，玩归玩，有一个严肃的事实是鲁鲁终究要面对的——那就是登台表演。

罗曼：“舞台的灯光非常刺眼，而且音乐的声音非常大，我不敢确定，这样的环境它能不能适应，很可能，我们的努力会功亏一篑。”

夜晚的长隆动物世界霓虹闪烁，金碧辉煌，这里有一个可以容纳万人的大型舞台，闪耀的电子聚光灯、节奏强烈的重型音响，站在这里，不管对谁都是一种压力，鲁鲁能适应这一切吗？

鲁鲁一旦失控了，意外难免会发生

鲁鲁第一次登台的时候，罗曼比它还紧张，在表演快开始的时候，马戏团里认识它的人几乎都在为它祈祷，希望它的第一次表演能够开门红。轮到鲁鲁上场了，场下的观众满心期待地等待着它的出现，然而，令罗曼担心的事情还是发生了，表演刚开始，鲁鲁就惊恐地逃回幕后。鲁鲁病倒了，就像一个受到过度惊吓的无辜孩子，这让罗曼非常矛盾和心疼。难道，一切的努力都要白费了吗？

鲁鲁和罗曼父子之间的配合更默契了

罗曼认为，袋鼠和人一样，也是有感觉的，不能强迫它、勉强它。罗曼：“毕竟它接受的能力非常有限，我和基曼调整了表演的内容，尽量增加自己的表演难度，简化鲁鲁要做的动作。另外，多把它带到演出的现场去习惯那样的环境，待它慢慢地适应，至于最后它到底能不能胜任演出，只能祈祷吧。”

经过一段时间的恢复和练习，鲁鲁就要再次正式登台演出了，不知道这次它的表现会怎么样呢？

也许是鲁鲁真的体会了罗曼的一片苦心，也许是经过了一段时间的适应，整个表演进行得非常顺利，鲁鲁表现得非常镇定自如，看来上次的失败并没有让它对自己失去信心，鲁鲁成功了！观众不时爆发出热烈的笑声。

现在，鲁鲁已经成为长隆野生动物世界的当红明星，但是，罗曼并没有打算增加鲁鲁的训练强度。他知道，动物也和人一样，需要细心的照顾和呵护。

回想起和鲁鲁一起训练的那段日子，回想起他们流过的汗水，这一切都会成为他们最珍贵最无悔的美好回忆。

任何的动物表演，驯化也好，其实不再是驯动物，罗曼认为，其实是对驯兽师脑力的挑战，要想将任何动物驯化，要想一种动物做一个动作的时候，首先看它本性行为方面具不具有这方面的能力。

罗曼说：“不管怎样，训练鲁鲁让我也上了一堂生动的课，真的，对我的驯兽经验来说，这也是很大的补充。”

在精彩的演出背后，谁又能想到，驯兽师为动物们付出过多少心血和爱心呢？

鲁鲁已经成为罗曼一家不可缺少的一分子，而鲁鲁也对父子俩充满了信任和依赖，相信只要这份真挚的感情一直存在，他们的艺术表演之树就能万古长青。

鲁鲁的成功让罗曼信心百倍，他打算再去挖掘一些很少或者是从没被人挖掘过的动物明星，比如一些被人们认为没有太多思考能力的低等动物，鱼啊、乌龟啊等等。因为他认准了一个道理，那就是只要从动物本身的特点出发，找出它们行为方式的某些规律，顺其自然，就能从它们身上开掘出无限的潜力，向人们展示出它们不为人知的一面，从而更好地认识它们和保护它们。

（梁婷婷）

米拉公主历险记

在哈尔滨太阳岛上的极地馆，生活着一大群来自极地的珍稀海洋动物。它们看起来无忧无虑，悠闲自在。离开了真正的极地环境，它们要接受严格的生存训练和考验。在这些可爱的极地海洋动物中，有两只被誉为“海洋金丝雀”的非常可爱的大白鲸，它们本来是生活在遥远寒冷的北极区海域，现在到了这个哈尔滨极地馆人工制造环境中，它们是怎样自如地适应这里的生活的呢？

1.“公主”绝食

2005年11月5日，哈尔滨极地馆迎来了两位特殊的朋友，它们就是专门从俄罗斯运来的两只大白鲸。它们的毛皮洁白光滑，工作人员给它们各自取了好听的名字，一个叫帅哥“尼古拉”，另外一个唤作漂亮的白雪公主“米拉”。全新的环境让这两只可爱的白鲸宝宝很是兴奋，它们不停地在池里相互戏水。

两只被誉为“海洋金丝雀”的非常可爱的大白鲸

大白鲸和朝夕相处的驯养师之间建立了很深的感情

虽然它们的身体比较庞大，却非常有灵性，在驯养师的训练下，它们很快就学会表演精彩的水中节目了。

两只远道而来的大白鲸精彩的表演不仅给游客们带来了欢笑，也和它们朝夕相处的驯养师之间建立了很深的感情。可是突然有一天，驯养师发现白鲸公主“米拉”好像有点不对劲了。

11 月 19 号早晨，驯养师曾庆专一早就进入了白鲸的家，帅哥尼古拉像往常一样，游过来，用无邪的眼睛注视着驯养师。这是他们比较默契的交流方式。可是，“米拉”没有乖乖地游过来，它在水池中间漠然地看着驯养师，看不出什么表情。曾庆专心里“咯噔”一下，感觉就不对了。

中午，驯养师聂恒兴给它们喂食。每次把桶放在那个平台上的时候，“米拉”总是把头往喂食桶里去拱，但是今天好奇怪，鱼儿拿到了它的嘴边，它不张嘴，看着鱼居然不吃了。

在接下来的几天里，“米拉”都没有进食，就连平时最爱吃的鱼都不吃了，驯养师这下子觉得问题有些严重，他们急忙把这个情况告诉了领导。

负责人王炜一听就急了。奇怪啊，这两条白鲸从到哈尔滨极地馆以后，一直表现得比较不错啊，现在居然从早上开始就“绝食”了！这怎么不让人着急呢！

可以说，自从这两只可爱的白鲸到来以后，就成了极地馆的镇馆之宝，而对白鲸来说，每天都必须要有正常的进食量，它可不像人类一样，少吃一两顿就当“减肥”，没有什么太大的问题。

何况，“米拉”公主以前每天吃得很好的，定时定量，每天对鱼的需求量都很正常，它突然间不吃东西了，肯定有问题。

驯养师在训练大白鲸

2. 困难重重

“米拉”突然不进食，起初大家还以为是平时吃的鱼有问题，可是，检查以后，没有发现任何问题。现在“米拉”每天还是像往常一样和驯养师做着各种训练，也和驯养师玩耍，可就是不肯张嘴吃饭，这让特地从大连赶来的驯养师晓乐也觉得非常奇怪。

有的时候，“米拉”就像得了胃肠道疾病，有食欲而且也吃，但是吃得不是很多。但是晓乐来了之后，发现它一点都不吃，嘴巴都不张一下。晓乐感到非常诧异，这种表现症状和平常肠胃道疾病的表现症状可不太一样。他感觉问题非常严重，既然消化系统没有问题，为什么白鲸还是不肯吃饭呢？

在 21 日早上，也就是“米拉”拒绝吃饭的第三天，医生给它采了次血，如

可爱的白鲸宝宝

果是“米拉”的内脏器官出现了问题，或者因为什么原因而引起发炎的话，这些都是可以从血检中看出来的。奇怪的是血检结果一切都很正常！

面对这样的检查结果，大家又喜又忧。喜的是“米拉”的内脏器官一切是正常的，还没有发现任何细菌或者是病毒的感染。忧的是“米拉”已经连续几天没有吃任何东西了，如果再不进食的话，身躯庞大的白鲸就再也撑不住了。可是，究竟是什么原因导致它拒绝进食呢？问题到底出在哪里呢？

为了找到原因，大家更加注意密切观察“米拉”的一举一动，几天下来，他们发现了“米拉”的一个反常现象。显然，“米拉”表演的动作都很正常，但是唯独它的嘴巴不能像以前那样正常地打开！原来“米拉”不光在吃饭的时候不愿意张开嘴，就连平时和驯养师玩的时候也不愿意张嘴了。这到底是怎么回事呢？大家更是一头雾水。

难道是“米拉”的口腔出现了问题？经过商议，大家决定对“米拉”进行一次口腔检查。那时，驯养师分析，可能是它的口腔里边有炎症，或者受伤了，另外还怀疑它是不是患了牙周炎什么的。

如果在平时，驯养师一给它指令，白鲸就会自己把嘴张开，让医生来检查。但是现在“米拉”根本不肯张嘴，大家只好先将池里的水排出，一起下到 10 米多深的池底摁住它，来协助医生的检查。

但是，如果把池里的水全部排干，白鲸的整个身体就会直接压在坚硬的池底，内脏器官就会受到压迫，会对白鲸的生命构成威胁。所以，大家只好把池里的水保留在刚刚超过白鲸身体一半的位置，这样使水能够有浮力托起白鲸，减轻重力对白鲸内脏的压迫。

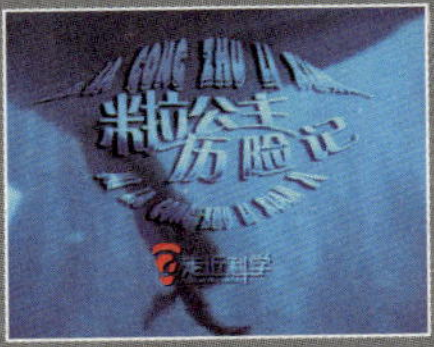

欢迎收看这一期的《走近科学》

白鲸公主“米拉”好像有点不对劲了

就连平时最爱吃的鱼，“米拉”都不吃了

驯养师们开会讨论

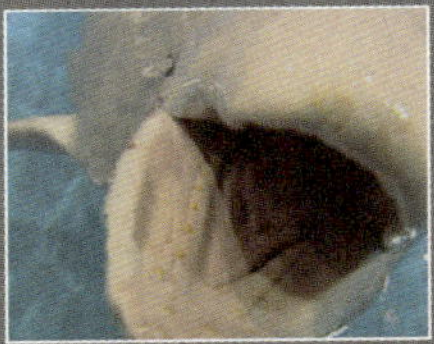
“米拉”的口不能像以前那样正常地打开了

将池里的水排出

没想到，“米拉”为了不让人靠近它，不停地挣扎反抗，几个年轻力壮的小伙子都摁不住它，为了让“米拉”的嘴张开，在碰撞中嘴都嗑出了血，水顿时红了，大家看了后都心疼得伸出自己的手给它垫着，以便让它把嘴张开。

最后，这些年轻人从水池中上岸，手上都是一样，有咬的牙印，有的手都给咬紫了，但是都没有一个人害怕，没有觉得恐惧，也没有说退缩，为了治疗白鲸，为了“米拉”公主，大家都很坚持。

在大家的协助下，口腔医生顺利地为“米拉”进行了口腔检查。可结果却再一次让他们很失望。他们发现“米拉”的牙齿和牙周，包括口腔黏膜没有明显异常，根据口腔学的理论，初步排除了由于口腔内的一些病变引起的张口受限。

这下子，大家就更担心了，既然不是口腔中的疾病，那又是什么原因呢？他们将白鲸生病的消息通过互联网发到国外，希望能够得到帮助。可是外国的

在哈尔滨太阳岛上的极地馆，
生活着一大群来自极地的珍稀海洋动物。

专家也没有遇到过类似的情况，目前唯一的办法只能是对“米拉”进行密切观察。

驯养师承担了观察的重担。他几乎每天24小时都在密切关注着白鲸“米拉”的生命体征，包括呼吸、游动的情况，水上、水下活动的时间等等。经过大家仔细观察，一个不易察觉的变化引起了他们的注意。富有经验的驯养师杨乃才在连续观察了几天以后，发现“米拉”左侧的下颌骨有点肿胀。难道是这个肿胀导致了白鲸无法进食吗？与此同时，极地馆的工作人员把检查的结果再次发给了国内外的专家，他们反馈的意见都是要对这个白鲸进行X光的拍摄，来确定这个异样到底是什么原因造成的。

与此同时，哈尔滨极地馆连夜召开紧急会议，立即决定成立白鲸紧急救治小组。可是像白鲸这样的大型海洋动物。到哪里找一种适合它的X线机来拍摄呢？普通的X线机，要么太大，根本无法移动，要么它又很小，只能是拍摄手

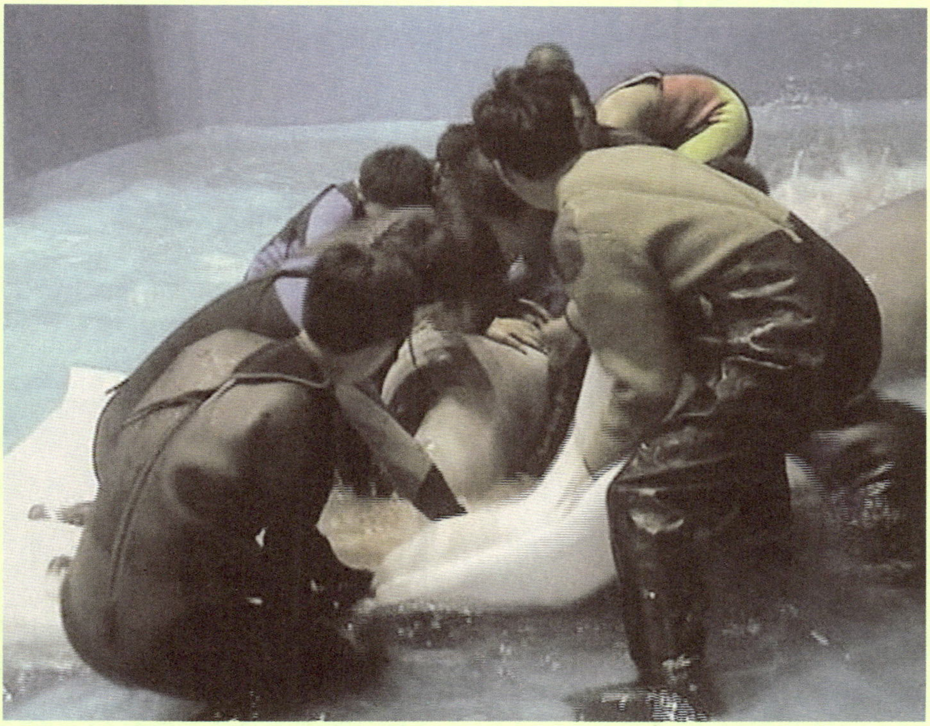

大家一起下到10米多深的池底摁住它

部这样很浅的部位的X线机，还不能穿透白鲸的这个肌肉层和骨骼进行拍摄。

工作人员用绳子把防水的槽子吊进池里

为了找到一个能够拍摄到像白鲸这样大型海洋动物要求的X线机，极地馆的工作人员可没少费心，最后他们联系到了哈尔滨医科大学第一临床医学院，在简单地和医生沟通过后，很快X线机被运到了极地馆，随后专业医生也随之来到现场。

这次拍X线片同样也要先开闸放水，让工作人员更好的控制住“米拉”，不要让它到处乱跑。可是如何把这个机器放到水里又成了个问题，因为这个X线机的重量是160千克，同时还要保护机器不能受潮、进水。如果这时很快的摁住“米拉”，只要有几分钟的固定时间，拍摄X线片的工作就可以顺利完成了。

为了顺利地把X线机放到水池里边，工作人员特地先做了一个防水的槽子，然后用绳子把槽子吊进池里，之后再把X线机吊下去放进做好的槽里。也许是没有见过突如其来的阵势，“米拉”不停地挣扎，反抗得相当激烈，一点都不配合。可怜的白鲸从来没有遇到过这样的情形，根本不知道要做什么，几乎是本能地抵制。

这时，它的同伴“尼古拉”也冲过来不停地顶撞拍水，好像“英雄救美”一样，保护它的同伴不受任何伤害。整个池内水花飞溅，一片混乱。就连白鲸宝宝的邻居们也表现出明显的焦躁和不安，都害怕它们的朋友“米拉”受到其他人的欺负。最后，在驯养师们的抚慰下，“米拉”好像懂得了人类不会真正伤害它，才渐渐地安静下来，费了半天劲，总算完成了拍摄。

把X线机吊下去放进做好的槽里

拿到“米拉”片子后，大家看到“米拉”左边下颌骨的骨头上有断断续续的连接点，可是大家都不太确定是不是骨头有问题。因为极地馆没有白鲸骨骼的图片，难以比较参考。显然，想要判断它骨折还是非骨折，用一个健康的白鲸进行对照是最有说服力的。

这一次，聪明的白鲸宝宝理解了大家的用意，知道大家这样做是为了给同伴“米拉”治病，所以第二天大家给帅小伙“尼古拉”拍 X 线片时，它表现得相当配合。很快，医生就顺利地捕捉到了健康白鲸下颌骨的 X 线片。

正当大家在讨论如何帮助“米拉”渡过这次难关的时候，杨医师和驯养师晓乐冲了进来，给大家带来了一个很坏的消息，一个所有人都不愿接受的事实。“米拉”的下颌肯定骨折了。从 X 线看，一个下颌骨折，一个（斜形）骨折，错位还不是很明显，但是初步可以确定是比较明确的骨折。

这个结果确实让很多人非常的伤心，但是大家又不得不面对这个事实，可是“米拉”好端端的怎么就会骨折了呢？是不小心撞到了什么地方，还是两头白鲸之间曾经发生过一场激烈的斗殴？可是要从外观上来看，“米拉”好像一点外伤都没有，也不像是遇到过什么碰撞。

后来，通过分析拍片资料，工作人员发现，原来白鲸这种海洋哺乳动物它天生就骨质疏松，很容易不小心就发生骨折这种现象，于是，大家就猜测很可能是“米拉”在平时训练或者玩耍的时候一不小心造成了骨折现象。

“米拉”不停挣扎，一点都不配合

在驯养师们的抚慰下，“米拉”才渐渐安静下来

在大家协助下，“米拉”总算完成了 X 线片的拍摄

拿到“米拉”片子的结果后大家一起分析

3. 紧急救治

“米拉”已经连续6天没有进食了，如果再这样下去的话那么它就会有生命的危险。而一旦白鲸公主“米拉”死去，那么它的另一个白鲸同伴也会伤心致死。现在工作人员决定给“米拉”进行插管，也就是人工补给营养。

白鲸是用肺呼吸的一种哺乳类动物，如果稍有差错，胃管就会插到它的肺里，这样很容易导致白鲸呛水死亡，所以确认胃管所插的位置是非常关键的，刚开始不是管子没插进去，就是“米拉”总是乱动插错了位置。在试了几次都没有成功之后，驯养师晓乐终于将管子顺利地插进了“米拉”的胃里，然后晓乐通过用嘴吮吸这个管子，看看能不能把“米拉”的胃液吸出来。这时如果有胃液出来的话，就确定管已经插进了“米拉”的胃里，也就能吸收工作人员给“米拉”补充的营养液了。

看到晓乐为“米拉”所做的一切，大家都很感动。

虽然这次顺利地人工给“米拉”补充了营养，但是这毕竟不是长久的办法，眼下最关键的还是如何治疗“米拉”的骨折问题。于是，杨医师就采取了保守疗法。手术倒是很简单，但是术后护理是一个非常大的难题。对于白鲸来说，没有办法让它在岸上恢复，但是在水里的话，对愈合伤口很不利，很容易引起感染。

可是保守治疗的关键就是想尽一切办法让“米拉”开口进食，在确定方案后，驯养师们的吃住都搬到了白鲸池边，旁边就放着“米拉”平时最爱吃的鲐鲅鱼。可是一连好几天过去了，“米拉”还是不肯开口吃饭，整桶的鱼放在那里，一条也没有动过。

但驯养师们自始至终没有想过放弃，大家一直都坚信总有一天它会吃的。

杨医师和驯养师晓乐反复研究，终于找到了一种叫海兔的食物。海兔本身是整条的，而且它有触须，所以在水里面出现的时候，它会有动的感觉，就像一个活的饵料，大家相信这样的饵料对白鲸会更有吸引力。

为了增加白鲸的营养，杨医师又给海兔注射了特殊的营养液，就是把生理盐水注射到小海兔腹腔中，这样白鲸在摄食小海兔的同时也摄食了水。

原来，白鲸虽然生活在水里，却不能从海水中直接吸收身体所需的水分，必须从食物中摄取，而海兔本身的含水量又很高，所以他们为“米拉”特地选了这种食物。一开始的时候，“米拉”只是凑过来靠近饵料闻一闻，然后就很无奈地扭头走开了。

大家心里更着急了。一招不行，再出一招。独

“米拉”左边下颌骨的骨头有断断续续的连接点

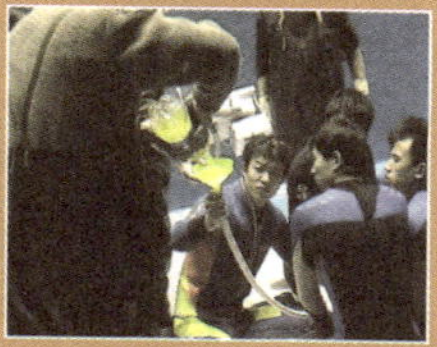
工作人员给“米拉”进行插管，人工补给营养

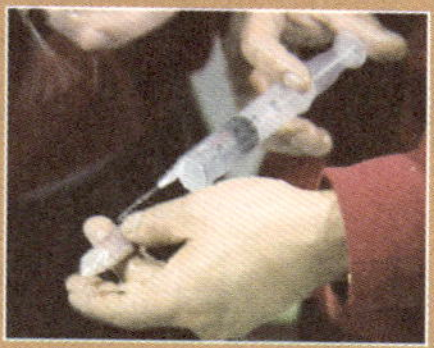
通过注射的办法，把生理盐水注射到小海兔腹腔中

自吸引“米拉”的办法不管用，驯养师只好选择让另一只白鲸“尼古拉”引导“米拉”去吸食，因为白鲸很聪明，而且模仿的能力很高，如果这时看到同伴做一个新的动作，它会很好奇，会努力地去学、去模仿。

“米拉”还是不肯开口吃饭

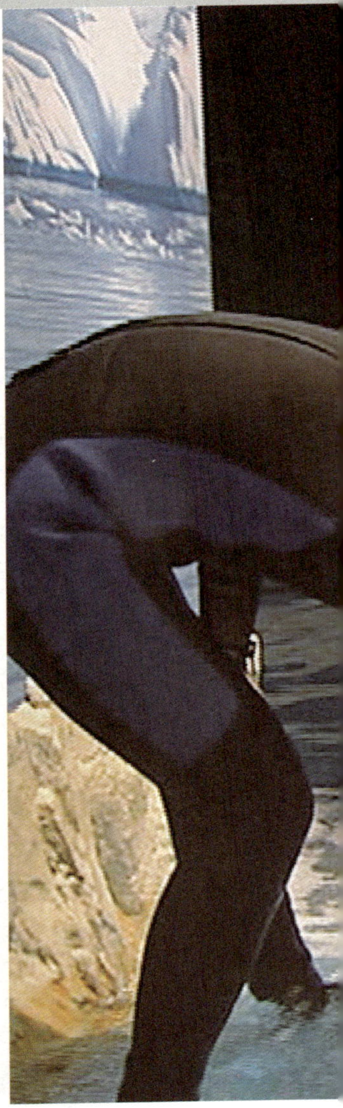

大家都明白，其实最关键的就是“米拉”能够吃食，只要它一开口，就可以给它补充水分和喂它药吃，这样什么问题就都解决了，慢慢地“米拉”骨折的地方就会自己愈合。第一条鱼对“米拉”和大家都非常重要。驯养师每时每刻都在看着“米拉”，随时都准备给它喂食，可惜都没有成功，大家盼望着奇迹可以出现。

终于，在“尼古拉”的诱导下，“米拉”终于开口进食了！守候在一旁的驯养师兴奋地冲出去，第一时间把这个好消息告诉了大家，所有的人在听到这个消息后全都挤到了白鲸池外，争抢着询问晓乐“米拉”现在的情况，每个人都争先恐后地给“米拉”喂食。

看着“米拉”悠哉地吃着东西，大家不禁热泪盈眶，互相拥抱，欢呼。多少个日日夜夜的担心和忧虑一扫而光，晓乐，这个年轻的驯养师，那天晚上算是睡了连日来第一个踏实的好觉。他由衷地说：“我感觉什么礼物都比不上‘米拉’的健康。”田力则说：“这是白鲸‘米拉’给我们大家，还有哈尔滨极地馆最好的献礼。”

正如大家所说，对于极地馆所有的人来说，没有什么比“米拉”平安地渡过这次危险更好的礼物了。后来，在大家的悉心照料下，“米拉”公主已经恢复了往常的食欲，能够正常地进食，它的身体所需要的营养和曾经缺失的钙质也慢慢补充回来了，骨折的地方已经渐渐愈合。

哈尔滨极地馆的工作人员成功治疗粉碎性骨折的白鲸，可以说在全世界范围内都是一个首创，而且也为今后白鲸的治疗提供了很好的经验和方法。

“米拉”凑过来靠近饵料闻一闻

“米拉”终于开口进食了

工作人员在喂“米拉”

大家热泪盈眶，相互拥抱、欢呼

也许你什么时候去哈尔滨极地馆，还可以看到“米拉”公主已经像以前那样，活泼调皮地玩耍，为你表演呢！

（田园）

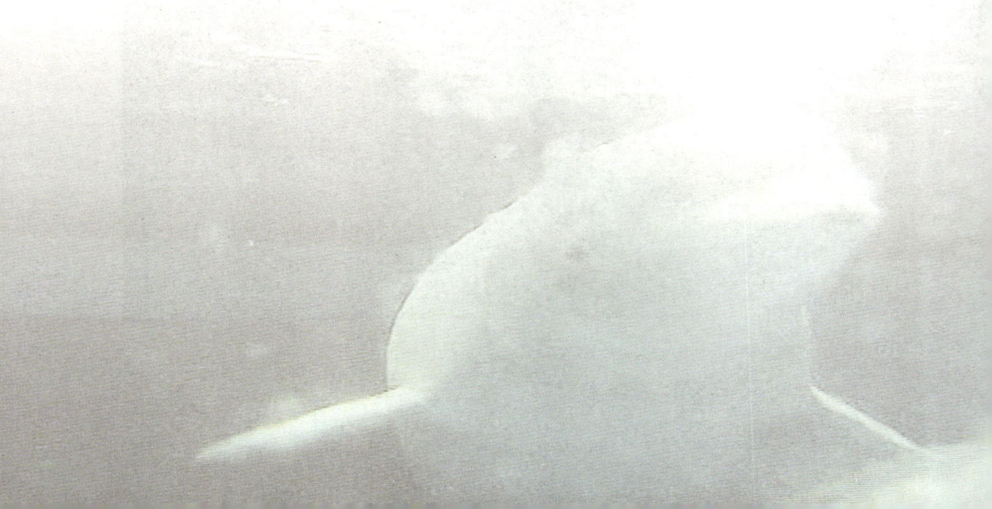